PSICOLOGÍA OSCURA Y CONTROL MENTAL

CÓMO DOMINAR LAS TÉCNICAS DE INFLUENCIA Y AUTODEFENSA PSICOLÓGICA PARA ALCANZAR EL CONTROL ABSOLUTO EN CUALQUIER SITUACIÓN

BRYAN KENDALL

Psicología Oscura y Control Mental Copyright © 2024

Bryan Kendall

Todos los derechos reservados.

Primera edición

Todos los derechos reservados. Ninguna parte de esta publicación puede ser reproducida, distribuida, transmitida o almacenada en un sistema de recuperación, ni utilizada de ninguna otra forma, en cualquier forma o por cualquier medio, ya sea electrónico, mecánico, fotocopia, grabación o de otra manera, sin el permiso previo por escrito del autor o de la editorial.

Este libro está protegido por las leyes de derechos de autor vigentes en España y tratados internacionales. La infracción de los derechos de autor constituye una violación grave de la ley y será perseguida en la medida permitida por la ley.

Exención de responsabilidad

Este libro está destinado a fines informativos y educativos. El autor y la editorial no asumen ninguna responsabilidad por el uso indebido o la interpretación incorrecta de la información contenida en este libro. Aunque se han realizado todos los esfuerzos posibles para garantizar la exactitud del contenido, el autor no se hace responsable de ningún error u omisión.

El autor no es responsable de las consecuencias de la aplicación de las técnicas descritas en este libro. La manipulación psicológica y las técnicas de persuasión deben utilizarse de forma ética y responsable. Los lectores son los únicos responsables de sus acciones y decisiones.

Derechos de traducción

Los derechos de traducción, adaptación y reproducción en otros idiomas están reservados. No se permite la traducción total o parcial de este libro sin la autorización previa y por escrito del autor o de la editorial.

INTRODUCCIÓN A LA PSICOLOGÍA OSCURA

La mente humana es un vasto y misterioso terreno que, a lo largo de la historia, ha fascinado a filósofos, científicos y artistas por igual. Entre los diversos campos que exploran el comportamiento humano, la **psicología oscura** ha emergido como una disciplina inquietante y fascinante, dedicada al estudio de los aspectos más oscuros de la mente. Mientras que la psicología tradicional se enfoca en mejorar el bienestar y la salud mental, la psicología oscura se adentra en la manipulación, el control y el dominio sobre los demás. En este capítulo, exploraremos qué es realmente la psicología oscura, sus orígenes, su evolución y cómo se aplica en la vida cotidiana.

¿Qué es la Psicología Oscura?

La **psicología oscura** se refiere al uso de principios psicológicos para influir, manipular o controlar a otras personas, generalmente para obtener algún tipo de ventaja personal o profesional. En su esencia, es el estudio de cómo se puede influir en el comportamiento y las decisiones de los demás a través de tácticas psicológicas sutiles y a menudo no éticas. A diferencia de las prácticas tradicionales que buscan mejorar las relaciones interpersonales y el bienestar, la psicología oscura se centra en cómo se puede utilizar la comprensión de la mente humana para manipular, persuadir y, en algunos casos, explotar a los demás.

La psicología oscura no es necesariamente sinónimo de maldad o inmoralidad. Como cualquier herramienta poderosa, puede ser usada tanto para el bien como para el mal. En manos de un líder carismático, puede motivar a un equipo hacia un objetivo común; en manos de un manipulador sin escrúpulos, puede devastar la vida de sus víctimas. El conocimiento de estas técnicas no solo permite usarlas para influir, sino también para protegerse de quienes las emplean con intenciones nocivas.

Historia y Evolución del Concepto

El interés por los aspectos oscuros de la mente humana no es nuevo. Desde la antigüedad, los filósofos griegos como Sócrates y Platón ya discutían sobre el poder de la retórica y la persuasión. Sin embargo, el estudio sistemático de la manipulación y el control mental no comenzó hasta el siglo XX con el surgimiento de la **psicología moderna**.

Durante las primeras décadas del siglo pasado, los pioneros del psicoanálisis, como **Sigmund Freud**, exploraron los deseos inconscientes y los impulsos reprimidos que guían el comportamiento humano. Freud sostenía que gran parte de lo que hacemos está motivado por deseos e instintos de los que no somos conscientes. Sus ideas influyeron en la publicidad y el marketing, donde las empresas comenzaron a utilizar los principios freudianos para influir en las decisiones de compra.

A partir de los años 60, el interés por la **manipulación mental** tomó un giro más oscuro con la aparición de investigaciones sobre el control de la mente, realizadas tanto por gobiernos como por sectas religiosas. El **Proyecto MKUltra**, llevado a cabo por la CIA, buscó formas de influir en el comportamiento de las personas a través de técnicas de control mental, utilizando desde drogas hasta hipnosis.

En la actualidad, la psicología oscura ha evolucionado para abarcar una amplia gama de tácticas y estrategias que pueden aplicarse tanto en entornos personales como profesionales. Conceptos como el **narcisismo**, la **psicopatía** y el **maquiavelismo** han sido reconocidos como elementos clave en el estudio del comportamiento manipulador, y su comprensión ha permitido a los expertos desentrañar las motivaciones detrás de las acciones de individuos altamente persuasivos.

Aplicaciones Prácticas en la Vida Cotidiana

Si bien la idea de la psicología oscura puede parecer intimidante o incluso inquietante, no hay que olvidar que su conocimiento puede ser extremadamente útil en la vida diaria. Aquí te presentamos algunos ejemplos de cómo se manifiestan estas técnicas en diversos contextos:

1 Negociaciones y Ventas: Los vendedores expertos y negociadores hábiles utilizan tácticas como la reciprocidad, la escasez y la autoridad para influir en las decisiones de compra de los clientes. Estas tácticas están diseñadas para activar respuestas emocionales que nos llevan a tomar decisiones impulsivas.

2 Relaciones Personales: En las relaciones, especialmente aquellas con dinámicas de poder desequilibradas, es común que una persona utilice tácticas de manipulación emocional, como la culpa o la victimización, para controlar a su pareja. Saber identificar estas señales es crucial para evitar caer en relaciones tóxicas.

3 Entornos Profesionales: En el mundo laboral, los líderes que dominan la psicología oscura pueden manipular a su equipo para lograr un rendimiento máximo, a menudo utilizando tácticas como el gaslighting, la presión social o el control de la información para mantener su autoridad y asegurar el cumplimiento.

4 Política y Medios de Comunicación: Los políticos y los medios de comunicación frecuentemente emplean técnicas de influencia masiva para controlar la opinión pública. Utilizando el **miedo**, la **culpabilidad** o el **sentido de pertenencia**, logran que las masas adopten ciertos comportamientos o creencias sin cuestionarlos.

¿Por Qué Es Importante Conocer la Psicología Oscura?

No se puede negar que vivimos en un mundo donde la **manipulación psicológica** está presente en casi todos los aspectos de nuestra vida. Desde la publicidad que nos incita a comprar productos que no necesitamos hasta las relaciones interpersonales en las que alguien intenta manipularnos para satisfacer sus propios intereses, entender cómo funciona la psicología oscura puede ser la diferencia entre ser una víctima o un actor consciente.

Conocer estas tácticas no solo te proporciona la habilidad de influir en otros de manera más efectiva, sino también te brinda las herramientas necesarias para **protegerte de manipuladores** que podrían intentar aprovecharse de ti. En lugar de ser arrastrado por corrientes invisibles de manipulación, puedes aprender a nadar en ellas y usarlas a tu favor.

La psicología oscura no se trata de ser malicioso; se trata de estar preparado. Un conocimiento profundo de estas técnicas te permite ser más consciente, más resistente y más estratégico en tus interacciones cotidianas.

Hemos arañado apenas la superficie de lo que significa la psicología oscura y cómo se ha convertido en una herramienta poderosa en la vida moderna. A lo largo de este libro, profundizaremos en técnicas específicas que puedes aprender para **influenciar y protegerte**, siempre con el entendimiento de que con gran poder viene una gran responsabilidad.

La psicología oscura no es simplemente una caja de herramientas para manipular a otros, sino una forma de entender mejor las **dinámicas de poder**, las **emociones humanas** y cómo se pueden utilizar, tanto de forma ética como no ética. En los próximos capítulos, nos adentraremos en las tácticas y estrategias que puedes emplear para lograr el control absoluto en cualquier situación, ya sea en tus relaciones personales, tu carrera profesional o incluso en entornos más amplios como la política y los medios de comunicación.

Ahora que hemos introducido el tema, prepárate para descubrir el mundo de la **manipulación mental** y cómo dominarlo para alcanzar tus propios objetivos, mientras aprendes a protegerte de aquellos que podrían intentar utilizar estas técnicas en tu contra.

CAPÍTULO UNO

COMPRENDER LA MANIPULACIÓN MENTAL

La manipulación mental es un arte sutil y complejo que ha existido a lo largo de la historia. Comprender sus fundamentos es esencial, no solo para influir en los demás, sino también para protegerse de quienes buscan ejercer control sobre nuestra mente. En este capítulo, exploraremos en profundidad las diferencias entre **influencia y manipulación**, los principios psicológicos que las sustentan, y cómo los manipuladores emplean tácticas astutas para obtener lo que desean.

Influencia vs. Manipulación: ¿Cuál es la Diferencia?

Para entender la manipulación, es crucial distinguirla de la **influencia**. Ambas implican cambiar el comportamiento o las decisiones de alguien, pero la diferencia radica en las intenciones y los métodos utilizados.

La influencia, en su forma más ética, busca motivar a los demás de manera honesta y abierta. Es un proceso en el que ambas partes pueden beneficiarse, ya que se basa en la **persuasión sincera** y en el uso de la lógica o la emoción para cambiar percepciones y actitudes. Un ejemplo clásico sería un líder inspirador que alienta a su equipo a dar lo mejor de sí para alcanzar un objetivo común.

Por otro lado, la **manipulación** es una forma de influencia que emplea tácticas ocultas y, a menudo, poco éticas para lograr que alguien actúe en contra de sus propios intereses, a menudo en beneficio del manipulador. La manipulación se basa en **explotar las vulnerabilidades** de las personas, sus emociones y sus puntos ciegos psicológicos. Por ejemplo, un manipulador puede usar el miedo, la culpa o la seducción para llevar a otros a tomar decisiones que no tomarían si tuvieran toda la información.

Principios Psicológicos Detrás de la Manipulación

Para entender cómo funciona la manipulación, debemos analizar los principios psicológicos que la sustentan. Estos principios se basan en **factores cognitivos y emocionales** que los manipuladores explotan para influir en el comportamiento humano.

1 Disonancia Cognitiva: Cuando las personas experimentan una incongruencia entre sus creencias y sus acciones, sienten incomodidad y buscan resolver esa tensión. Un manipulador puede aprovechar este principio haciéndote creer que tus acciones anteriores son inconsistentes con tus valores, empujándote a tomar decisiones que alineen tus acciones con una nueva creencia impuesta.

2 Condicionamiento Operante: Inspirado en las teorías de B.F. Skinner, el condicionamiento operante se centra en cómo el comportamiento puede ser influenciado por recompensas y castigos. Los manipuladores usan refuerzos positivos (elogios, recompensas) o negativos (críticas, castigos) para moldear el comportamiento de sus víctimas, asegurándose de que actúen de acuerdo a sus deseos.

3 Escasez y Urgencia: El miedo a perder una oportunidad es un poderoso motivador. Al crear una sensación de escasez o urgencia, un manipulador puede empujar a alguien a tomar decisiones rápidas y poco reflexionadas. Esta técnica es común en el marketing, donde las ofertas por tiempo limitado o los productos escasos nos incitan a comprar de inmediato.

4 Proyección y Gaslighting: Estas tácticas están diseñadas para **confundir a la víctima** y hacer que dude de sus propias percepciones. La proyección implica atribuir tus propios sentimientos o acciones a otra persona, mientras que el gaslighting es una forma más insidiosa de manipulación emocional, donde el manipulador distorsiona la realidad para que la víctima cuestione su cordura.

Tipos de Manipuladores y sus Tácticas

No todos los manipuladores son iguales. Algunos actúan de manera consciente y deliberada, mientras que otros pueden ni siquiera ser plenamente conscientes de su comportamiento. A continuación, presentamos una clasificación de los tipos más comunes de manipuladores y las tácticas que emplean:

1 El Narcisista Encantador: Los narcisistas son expertos en seducir y ganar la confianza de los demás con su carisma y aparente sinceridad. Utilizan tácticas como la **sobrevaloración inicial**, donde colman de atención a su objetivo para luego retirarla de manera abrupta, generando dependencia emocional.

2 El Víctima Permanente: Este tipo de manipulador se presenta siempre como una víctima de las circunstancias, buscando despertar **culpa y compasión** en los demás. Su objetivo es hacerte sentir responsable de su bienestar, llevándote a ceder a sus demandas para "ayudarle".

3 El Controlador Sutil: A diferencia del manipulador agresivo, este tipo emplea tácticas sutiles para influir en tu comportamiento. El **controlador pasivo-agresivo** utiliza indirectas, sarcasmo y comentarios velados para socavar tu autoestima y controlarte sin que te des cuenta.

4 El Psicópata Encubierto: Los psicópatas son maestros del **engaño y la manipulación fría**. Pueden ser encantadores en la superficie, pero no tienen empatía y ven a las personas como peones en su juego. Utilizan tácticas como el **gaslighting** y la **triangulación** (poner a dos personas en conflicto para desviar la atención de sí mismos).

Ejemplos Prácticos de Manipulación Mental

La manipulación mental puede manifestarse en una gran variedad de situaciones cotidianas. Consideremos algunos ejemplos para ilustrar cómo se aplican estas tácticas en la vida diaria:

- **En el trabajo**: Un jefe narcisista puede utilizar la técnica del **refuerzo intermitente** para mantener a sus empleados ansiosos y dependientes de su aprobación. Al alternar entre elogios y críticas, crea un ambiente de incertidumbre que le permite mantener el control.

- **En la familia**: Un padre controlador podría emplear el **chantaje emocional** para manipular a sus hijos, utilizando frases como "después de todo lo que he hecho por ti" para hacerles sentir culpables si no cumplen con sus expectativas.

- **En las relaciones románticas**: Una pareja tóxica puede utilizar el gaslighting para hacer que su compañero dude de su memoria o percepción de la realidad. Por ejemplo, si la víctima menciona un comportamiento hiriente, el manipulador podría responder: "Estás exagerando, nunca dije eso".

El Costo Emocional de la Manipulación

Aunque los manipuladores pueden tener éxito a corto plazo, las consecuencias para sus víctimas suelen ser devastadoras. Las personas que han sido manipuladas pueden experimentar:

• **Pérdida de confianza en sí mismas.**

• **Ansiedad y depresión.**

• **Aislamiento social.**

Por esta razón, es fundamental aprender a reconocer estas tácticas antes de que causen daño. Con el conocimiento adecuado, puedes desarrollar **estrategias de autodefensa** que te permitan mantener tu integridad mental y emocional intacta.

Hemos explorado cómo los manipuladores utilizan los principios psicológicos para influir en los demás y obtener lo que desean. En los próximos capítulos, profundizaremos en **técnicas de persuasión efectivas** y cómo puedes usarlas de forma ética para mejorar tus interacciones, al tiempo que te proteges de aquellos que podrían intentar explotarte.

Este conocimiento no solo te proporcionará una ventaja en tus relaciones personales y profesionales, sino que también te ayudará a **desarrollar una mayor autoconciencia** sobre cómo tus propias emociones pueden ser usadas en tu contra. Con esta base sólida, estarás listo para adentrarte en el fascinante mundo de la **persuasión efectiva** y el **control mental** en el siguiente capítulo.

CAPÍTULO DOS

TÉCNICAS DE PERSUASIÓN EFECTIVA

La persuasión es una de las herramientas más poderosas que poseemos para influir en el comportamiento y las decisiones de los demás. A lo largo de la historia, los líderes, los vendedores y los expertos en marketing han utilizado técnicas de persuasión para alcanzar sus objetivos. Sin embargo, la persuasión no siempre es un acto negativo; es, de hecho, una habilidad esencial para la vida diaria. En este capítulo, desglosaremos los **principios fundamentales de la persuasión**, exploraremos las técnicas desarrolladas por **Robert Cialdini**, y ofreceremos ejemplos prácticos para aplicar estos conceptos en tu vida cotidiana.

Principios Fundamentales de la Persuasión (Cialdini)

Robert Cialdini, psicólogo y experto en persuasión, identificó **seis principios universales** que guían el comportamiento humano. Estos principios no solo se basan en estudios científicos, sino también en observaciones de situaciones de la vida real donde las personas son influenciadas para tomar decisiones.

1 Reciprocidad: La reciprocidad es uno de los principios más potentes en la persuasión. Se refiere a la tendencia humana a sentir la obligación de devolver un favor recibido. Por ejemplo, si un amigo te invita a su fiesta, es probable que te sientas inclinado a invitarlo a la tuya. Los expertos en marketing utilizan esta táctica al ofrecer muestras gratuitas, sabiendo que los consumidores que reciben algo gratis se sienten más inclinados a comprar en agradecimiento.

○ **Caso práctico**: Un vendedor de coches puede ofrecer un pequeño obsequio, como un llavero o un accesorio adicional, antes de proponer un contrato de venta. Esto aumenta la probabilidad de que el cliente se sienta obligado a devolver el favor aceptando la compra.

2 Compromiso y Coherencia: Las personas tienden a actuar de manera coherente con sus compromisos previos, especialmente si esos compromisos se han hecho de forma pública o escrita. Una vez que alguien se compromete a una idea o acción, es probable que mantenga esa postura para evitar disonancias cognitivas.

○ **Ejemplo**: En una campaña de recaudación de fondos, primero se pide a los donantes que firmen una petición a favor de una causa. Días después, se les solicita una donación. Dado que ya se comprometieron públicamente con la causa, estarán más dispuestos a donar.

3 Prueba Social: Las personas tienden a mirar lo que otros están haciendo para guiar su propio comportamiento, especialmente en situaciones de incertidumbre. Esta necesidad de conformarse con el grupo se llama **prueba social**.

○ **Aplicación**: Las empresas frecuentemente exhiben reseñas y testimonios en sus páginas web para influir en nuevos clientes. La prueba social crea un sentido de confianza al demostrar que otros ya han tomado la misma decisión.

4 Autoridad: Las personas tienden a seguir el consejo de aquellos que perciben como figuras de autoridad. Esta es la razón por la que los uniformes, los títulos académicos y los logotipos de empresas reconocidas son tan persuasivos.

○ **Ejemplo**: Un dentista que recomienda una pasta de dientes específica en un anuncio televisivo influye en los espectadores a elegir ese producto por su aparente autoridad en el campo de la salud dental.

5 Escasez: La escasez es una de las tácticas de persuasión más efectivas. La gente valora más aquello que es difícil de obtener. Al limitar la disponibilidad de un producto, se crea una sensación de urgencia y deseo.

○ **Caso práctico**: Las campañas de "oferta por tiempo limitado" o "quedan pocas unidades" son tácticas comunes que empujan al consumidor a tomar decisiones de compra rápidas.

6 Simpatía: Es más probable que las personas digan sí a aquellos que les gustan o con quienes se sienten identificados. Las tácticas que fomentan la simpatía incluyen los elogios, la creación de puntos en común y la construcción de relaciones.

○ **Ejemplo**: Un vendedor que se toma el tiempo para conocer los intereses de un cliente y comparte anécdotas personales logra crear un vínculo que puede influir en la decisión de compra.

Casos Prácticos de Persuasión

Entender los principios de Cialdini es solo el primer paso. Para dominar verdaderamente la **persuasión efectiva**, es crucial aprender a aplicar estos conceptos en situaciones del mundo real. A continuación, exploraremos algunos **escenarios prácticos** para ilustrar cómo funcionan estas tácticas en diferentes contextos.

1 Persuasión en el Entorno Profesional: Supongamos que eres un líder de equipo que necesita motivar a tus empleados para que completen un proyecto antes de la fecha límite. Una técnica basada en la **reciprocidad** sería reconocer públicamente el esfuerzo de tus empleados, proporcionando incentivos adicionales como tiempo libre o bonos. Esto no solo refuerza el compromiso del equipo, sino que también genera una sensación de obligación hacia el líder.

2 Ventas y Negociación: Imagina que eres un vendedor inmobiliario y tienes un cliente indeciso. Puedes aplicar la **prueba social** mostrándole casos de otros clientes satisfechos que han comprado propiedades similares en la misma área. También puedes utilizar el principio de **escasez**, señalando que hay otros compradores interesados en la misma propiedad, lo que crea una urgencia para tomar una decisión rápida.

3 Persuasión en Relaciones Personales: En una relación de pareja, el principio de **compromiso y coherencia** puede ser útil para resolver conflictos. Por ejemplo, si tu pareja ha expresado su compromiso de mejorar la comunicación, puedes recordarle suavemente ese compromiso durante una discusión. Esto refuerza la coherencia de sus acciones con sus palabras.

Ejercicios Prácticos para Dominar la Persuasión

Para que la **persuasión** se convierta en una habilidad efectiva, es necesario practicar. Aquí te presentamos algunos ejercicios para que apliques los principios aprendidos:

1 Desarrolla tu Capacidad de Influencia:

◦ Practica la **reciprocidad** en tu vida diaria. Por ejemplo, ofrece un pequeño favor a tus compañeros de trabajo o amigos y observa cómo se sienten inclinados a corresponderte.

◦ Prueba utilizar el principio de **escasez** en una conversación, mencionando la disponibilidad limitada de tu tiempo o de un recurso. Analiza cómo la otra persona reacciona a esta información.

2 Fortalece tu Autoridad y Simpatía:

◦ Trabaja en tu **presencia personal**. Aumentar tu credibilidad mediante la apariencia, la postura y la forma en que te expresas puede influir significativamente en cómo te perciben los demás.

◦ En tus interacciones, enfócate en **encontrar puntos en común** con la otra persona para crear simpatía y conexión.

3 Aplica la Prueba Social:

◦ Si tienes un negocio, muestra testimonios de clientes satisfechos en tu sitio web o en tus redes sociales. Si estás en un entorno social, menciona la aprobación de figuras de autoridad para reforzar tu argumento.

La **persuasión efectiva** es tanto un arte como una ciencia. Comprender los principios que guían el comportamiento humano te permitirá no solo influir de manera más eficiente en los demás, sino también protegerte de aquellos que intentan manipularte. A lo largo de este capítulo, hemos explorado los fundamentos de la persuasión y cómo puedes usarlos para lograr tus objetivos de manera ética.

A medida que avances en la lectura, verás cómo estas técnicas pueden integrarse con otros conceptos más avanzados, como la **Programación Neurolingüística (PNL)** y el **control mental**, que serán explorados en el próximo capítulo.

Dominar la persuasión no solo te otorgará una ventaja en tus interacciones diarias, sino que te permitirá ejercer un mayor control sobre tu entorno y sobre las personas con las que interactúas.

CAPÍTULO TRES

PROGRAMACIÓN NEUROLINGÜÍSTICA (PNL) Y CONTROL MENTAL

La **Programación Neurolingüística** (PNL) es un conjunto de técnicas psicológicas que permite influir en el comportamiento humano al reprogramar la mente a través del lenguaje y patrones de pensamiento. A lo largo de las últimas décadas, la PNL se ha convertido en una herramienta poderosa no solo para el **desarrollo personal**, sino también para el control e **influencia en los demás**. En este capítulo, exploraremos cómo puedes emplear la PNL para modificar tus propios patrones de pensamiento, influir en los demás y adquirir un control mental efectivo.

¿Qué es la Programación Neurolingüística?

La PNL fue desarrollada en la década de 1970 por **Richard Bandler** y **John Grinder**, quienes buscaban entender cómo ciertas personas obtenían resultados extraordinarios en sus vidas y cómo esos resultados podían ser replicados. Descubrieron que los patrones de pensamiento, el uso del lenguaje y la interpretación sensorial de la realidad podían influir significativamente en la forma en que las personas experimentan el mundo y toman decisiones.

En esencia, la PNL combina tres elementos clave:

1 Programación: Se refiere a la forma en que nuestros pensamientos, emociones y comportamientos se estructuran y organizan en patrones que pueden ser modificados.

2 Neuro: Alude a la manera en que nuestros sentidos —vista, oído, tacto, olfato y gusto— influyen en la percepción que tenemos del mundo.

3 Lingüística: Explora cómo el lenguaje, tanto hablado como no verbal, moldea nuestras experiencias y cómo podemos usarlo para influir en los demás.

La PNL puede usarse tanto para **mejorar la comunicación** y resolver problemas personales, como para **manipular** y controlar el comportamiento de otros. Sin embargo, al igual que cualquier herramienta poderosa, su uso depende de las intenciones de quien la maneja.

Técnicas de PNL para Influenciar y Control Mental

Existen diversas técnicas dentro de la PNL que pueden ser utilizadas para **influir en la mente** de las personas de manera sutil pero efectiva. A continuación, presentamos algunas de las técnicas más poderosas que puedes aplicar tanto en tus relaciones personales como profesionales.

1 Anclajes: Los anclajes son una técnica que permite asociar una emoción o un estado mental con un estímulo específico. Esto se logra repitiendo un estímulo (como un toque, una palabra o un gesto) en el momento en que se experimenta una fuerte emoción. Una vez establecido el anclaje, puedes "activar" esa emoción en otra persona simplemente utilizando el mismo estímulo.

◦ **Ejemplo práctico**: Si durante una conversación logras que tu interlocutor se sienta extremadamente feliz y en ese momento tocas su hombro, puedes repetir ese gesto en otra ocasión para inducir la misma sensación de felicidad. Esto puede ser útil en **negociaciones** o para fortalecer una relación.

2 Reencuadres: Esta técnica consiste en cambiar el "marco" con el que alguien percibe una situación, alterando así su interpretación y respuesta emocional. El reencuadre permite transformar un problema en una oportunidad, una amenaza en un reto, o un fracaso en una lección.

◦ **Caso práctico**: Si un compañero de trabajo se siente frustrado por no haber conseguido un ascenso, puedes reencuadrar la situación diciéndole: "Esto solo significa que ahora tienes la oportunidad de demostrar tu verdadero valor. El próximo ascenso será aún más satisfactorio".

3 Rapport: El rapport es la capacidad de crear una conexión profunda con otra persona, generando confianza y empatía. En la PNL, se utilizan técnicas como **imitar el lenguaje corporal**, el tono de voz y el ritmo de la respiración del interlocutor para establecer una conexión subconsciente.

◦ **Aplicación**: Durante una reunión de negocios, observa la postura, el tono y los gestos de la otra persona. Si imitas sutilmente estos elementos, puedes crear una sensación de camaradería que facilitará que la otra persona sea más receptiva a tus propuestas.

4 Patrones de Lenguaje Hipnótico: La PNL también emplea técnicas de **hipnosis encubierta** para influir en la mente de las personas mediante el uso de un lenguaje cuidadosamente estructurado. Estos patrones, como las metáforas y los comandos encubiertos, se usan para influir en el inconsciente de manera imperceptible.

◦ **Ejemplo**: Utilizar frases como "Imagina lo increíble que te sentirías si aceptas esta propuesta" no solo implica una imagen positiva, sino que también sugiere una acción sin que la persona sea consciente de ello.

Ejercicios Prácticos de PNL para Desarrollar tus Habilidades

Para que las técnicas de PNL sean realmente efectivas, es necesario practicarlas. Aquí te presentamos algunos **ejercicios prácticos** que puedes implementar para dominar estas habilidades.

1 Ejercicio de Anclaje Positivo:

◦ Escoge una emoción que desees anclar, como la **confianza**. Siéntate en un lugar tranquilo y recuerda un momento en el que te sentiste extremadamente seguro de ti mismo. Revive ese momento en tu mente y, justo cuando la emoción esté en su punto máximo, aprieta tu pulgar contra tu dedo índice. Practica esto varias veces hasta que puedas evocar la sensación de confianza simplemente realizando ese gesto.

2 Práctica de Rapport:

◦ Durante tus próximas interacciones, enfócate en **reflejar el lenguaje corporal** de la otra persona. Si están cruzando los brazos, crúzalos tú también después de un par de segundos. Si están hablando de forma pausada, ajusta tu tono y ritmo para que coincidan. Observa cómo, al hacerlo, la otra persona se vuelve más abierta y receptiva.

3 Reencuadre de Pensamientos Negativos:

◦ Cuando te enfrentes a una situación negativa, pregúntate: "¿Cómo puedo ver esto desde otra perspectiva?". Escribe tres formas en las que puedes reinterpretar la situación para que sea más positiva o beneficiosa para ti. Practicar esto te ayudará a desarrollar una mentalidad más flexible y optimista.

Casos Prácticos de Uso de la PNL

Veamos algunos **casos prácticos** de cómo la PNL puede utilizarse en diversos contextos:

• **Ventas y Marketing**: Un vendedor de bienes raíces puede utilizar el **lenguaje hipnótico** para influir en la decisión de un cliente, diciendo: "Imagínate viviendo aquí, despertando cada mañana con esta vista. ¿No sería maravilloso?".

• **Relaciones Personales**: En una discusión con tu pareja, puedes emplear **reencuadres** para cambiar el enfoque de un problema. Si tu pareja dice: "Nunca tienes tiempo para mí", puedes reencuadrar diciendo: "Entiendo que deseas pasar más tiempo juntos, y yo también lo deseo. ¿Cómo podemos mejorar eso?".

• **Liderazgo y Gestión**: Un líder puede usar el **rapport** para motivar a su equipo. Al reflejar el entusiasmo y el lenguaje corporal de sus empleados, el líder crea una atmósfera de confianza y motivación que inspira al equipo a alcanzar sus metas.

La **Programación Neurolingüística** y el **control mental** no son meros trucos psicológicos, sino herramientas poderosas para influir en las percepciones y comportamientos de los demás. Sin embargo, es fundamental utilizarlas de manera ética y consciente, ya que su mal uso puede tener consecuencias devastadoras en las relaciones y la vida de quienes te rodean.

Ahora que has adquirido una comprensión profunda de la PNL y sus aplicaciones, estás un paso más cerca de dominar la **influencia mental**. En el próximo capítulo, exploraremos la **comunicación no verbal** y cómo el lenguaje corporal puede ser una herramienta aún más poderosa para proyectar confianza e influir en las personas.

Con las técnicas que has aprendido, puedes comenzar a cambiar tu forma de interactuar con el mundo, influenciando a los demás de manera más efectiva y protegiéndote al mismo tiempo de aquellos que intenten usar estas técnicas en tu contra.

CAPÍTULO CUATRO

LENGUAJE CORPORAL Y COMUNICACIÓN NO VERBAL

La comunicación no se limita a las palabras que utilizamos. De hecho, la mayor parte de la información que intercambiamos con los demás ocurre a través de **señales no verbales**. El **lenguaje corporal**, el tono de voz y las microexpresiones pueden transmitir nuestros verdaderos pensamientos e intenciones de manera mucho más poderosa que cualquier discurso. Dominar el arte del **lenguaje corporal** no solo te permite proyectar confianza y autoridad, sino también **leer las intenciones** de quienes te rodean. En este capítulo, profundizaremos en las técnicas para interpretar y controlar la comunicación no verbal, aplicándola en diferentes contextos como negociaciones, relaciones interpersonales y entornos profesionales.

El Poder del Lenguaje Corporal: Más Allá de las Palabras

El **lenguaje corporal** se refiere a todos aquellos movimientos, gestos y expresiones que comunican emociones y pensamientos sin necesidad de utilizar palabras. Según estudios realizados por el psicólogo Albert

Mehrabian, el **93% del significado** en una interacción cara a cara proviene de señales no verbales, mientras que solo el 7% se atribuye al contenido verbal. Esto significa que, aunque las palabras que utilizamos son importantes, **cómo las decimos y cómo nos movemos** mientras hablamos tiene un impacto mucho mayor.

1 Gestos y Movimientos: Los gestos que realizamos con las manos, la postura que adoptamos y el espacio que ocupamos pueden proyectar confianza, inseguridad, dominancia o sumisión.

2 Microexpresiones: Estas son **expresiones faciales rápidas** y casi imperceptibles que revelan las emociones verdaderas de una persona, a menudo antes de que puedan ser controladas conscientemente. Detectarlas te permitirá saber lo que realmente siente tu interlocutor.

3 Proxémica: La distancia que mantenemos con los demás también comunica intenciones y emociones. El **espacio personal** varía según la relación entre las personas, la cultura y el contexto en el que se encuentran.

Interpretación de Gestos y Microexpresiones

Para poder **interpretar el lenguaje corporal** de manera efectiva, es importante comprender algunos de los gestos más comunes y su significado. A continuación, te presentamos una guía para identificar y analizar los **gestos y microexpresiones** en tus interacciones.

1 Cruzarse de Brazos: Aunque cruzar los brazos puede ser simplemente una postura cómoda, en muchos casos indica una actitud defensiva, desconfianza o rechazo. Si estás hablando con alguien y notas que cruza los brazos, puede ser un indicio de que se siente incómodo o en desacuerdo con lo que estás diciendo.

2 Contacto Visual: El contacto visual directo indica confianza, sinceridad e interés. Sin embargo, **mantener la mirada por demasiado tiempo** puede ser percibido como intimidante, mientras que **evitar el contacto visual** puede denotar inseguridad, vergüenza o falta de honestidad.

3 Sonrisa Verdadera vs. Falsa: Una **sonrisa auténtica** involucra tanto los músculos alrededor de la boca como los ojos, mientras que una sonrisa falsa solo afecta los labios. Aprender a distinguir entre ambas te ayudará a identificar cuándo alguien está siendo sincero.

4 Tocar el Rostro o el Cuello: Cuando alguien se toca la cara o el cuello mientras habla, puede ser un signo de nerviosismo, inseguridad o incluso engaño. Es un gesto subconsciente que a menudo se produce cuando una persona se siente incómoda.

5 Palmas Abiertas: Mostrar las palmas de las manos suele ser un signo de honestidad y apertura. Por otro lado, mantener las manos ocultas o cerradas puede sugerir que alguien está ocultando información o no está siendo completamente sincero.

Cómo Proyectar Confianza y Autoridad con tu Lenguaje Corporal

No basta con interpretar el lenguaje corporal de los demás; también es crucial ser consciente de las señales que proyectamos. La forma en que te presentas puede influir significativamente en la **percepción que los demás tienen de ti**. Aquí te presentamos algunas técnicas para proyectar confianza y autoridad en diferentes situaciones:

1 Postura Erguida: Mantener la espalda recta y los hombros relajados transmite confianza y seguridad. Evita encorvarte, ya que esto puede ser percibido como una señal de sumisión o falta de autoconfianza.

2 Manos Visibles: Durante una conversación, asegúrate de que tus manos estén visibles y en una posición relajada. Ocultar las manos puede generar desconfianza en tu interlocutor.

3 Sonrisa Sincera: Utiliza una **sonrisa genuina** para establecer rapport y generar una atmósfera de confianza. Recuerda que la autenticidad es clave para ganar la simpatía de los demás.

4 Espacio Personal: Aprende a respetar el **espacio personal** de los demás. Acercarte demasiado puede ser visto como una invasión, mientras que mantener demasiada distancia puede transmitir frialdad.

5 Gestos Amplios y Lentos: Utilizar gestos amplios pero controlados mientras hablas te ayudará a proyectar **autoridad y seguridad**. Los movimientos nerviosos o rápidos pueden denotar ansiedad y falta de control.

Aplicación del Lenguaje Corporal en Negociaciones y Entornos Profesionales

En el mundo de los negocios y las **negociaciones**, el lenguaje corporal puede ser tu mejor aliado. Saber cómo leer las señales no verbales de tu contraparte puede darte una ventaja competitiva, permitiéndote adaptar tu enfoque para lograr tus objetivos.

1 Detectar la Confianza o la Duda: Si notas que tu contraparte mantiene una postura encorvada, evita el contacto visual o toca su cuello, es posible que esté insegura. Puedes aprovechar esta oportunidad para reafirmar tu propuesta y cerrar el trato.

2 Usar el Silencio como Herramienta: En una negociación, aprender a usar el silencio de manera estratégica puede ejercer presión sobre la otra parte. Mantén una postura relajada mientras esperas la respuesta de tu interlocutor; esto muestra que tienes el control y que no estás desesperado por aceptar cualquier oferta.

3 Proyectar Liderazgo en Reuniones: Durante presentaciones o reuniones, utiliza **gestos abiertos**, establece contacto visual con todos los asistentes y adopta una postura erguida para proyectar liderazgo y autoridad.

Ejercicios para Mejorar tu Comunicación No Verbal

A continuación, te ofrecemos algunos ejercicios prácticos para desarrollar tus habilidades de **comunicación no verbal** y mejorar tu capacidad para **interpretar el lenguaje corporal**.

1 Observación en la Vida Cotidiana:

- Dedica 15 minutos al día a observar las interacciones de las personas en lugares públicos, como cafeterías o estaciones de tren. Toma nota de sus gestos, expresiones y posturas, y trata de inferir cómo se sienten.

2 Práctica del Contacto Visual:

- En tus próximas conversaciones, enfócate en **mantener un contacto visual constante** (sin resultar intimidante). Observa cómo cambia la dinámica cuando haces un esfuerzo consciente por conectar a través de la mirada.

3 Control de la Postura y la Respiración:

- Cada vez que te encuentres en una situación estresante, recuerda enderezar tu espalda y **respirar profundamente**. Esto no solo te ayudará a proyectar confianza, sino también a reducir el estrés y mejorar tu claridad mental.

El **lenguaje corporal y la comunicación no verbal** son componentes esenciales para el éxito en la vida personal y profesional. Dominar estas habilidades te permitirá **influir en los demás** de manera más efectiva y protegerte de aquellos que puedan intentar manipularte.

Ahora que has aprendido cómo interpretar y controlar tu comunicación no verbal, estarás mejor equipado para interactuar con mayor confianza en cualquier situación. En el próximo capítulo, abordaremos el tema de la **autodefensa psicológica**, donde descubrirás cómo proteger tu mente de los manipuladores y establecer límites mentales sólidos.

CAPÍTULO CINCO

AUTODEFENSA PSICOLÓGICA

Vivimos en un mundo donde la manipulación y el control mental están más presentes de lo que a menudo nos gustaría admitir. Las personas con intenciones malintencionadas pueden aprovecharse de tus debilidades, inseguridades y emociones para manipularte en su propio beneficio. Por esta razón, desarrollar habilidades de **autodefensa psicológica** es esencial para protegerte de manipuladores que podrían intentar controlarte. En este capítulo, aprenderás cómo detectar manipuladores, establecer límites mentales y utilizar **técnicas de resistencia psicológica** para mantener tu independencia emocional y mental.

Detectar Manipuladores: Señales de Alerta

Antes de poder protegerte de un manipulador, es fundamental aprender a **reconocer sus tácticas**. Los manipuladores pueden ser extremadamente astutos y sutiles en su forma de actuar, pero, por lo general, dejan pistas que puedes identificar si sabes qué buscar.

1 Técnicas de Gaslighting: El gaslighting es una forma de manipulación emocional en la que el manipulador hace que su víctima dude de su propia memoria y percepción de la realidad. Si alguien constantemente te dice que estás "exagerando" o "imaginando cosas", podría estar intentando hacerte cuestionar tu juicio.

2 Exagerada Simpatía Inicial: Los manipuladores a menudo comienzan con un exceso de amabilidad y elogios para ganarse tu confianza rápidamente. Una vez que te sientes cómodo con ellos, empiezan a **explotar tus vulnerabilidades**.

3 Uso de la Culpa y la Victimización: Un manipulador puede intentar hacerte sentir culpable por tus acciones o decisiones, incluso cuando no has hecho nada malo. Utilizan frases como "Después de todo lo que he hecho por ti" para manipularte emocionalmente y obligarte a ceder a sus demandas.

4 Cambios Bruscos de Comportamiento: Si una persona es extremadamente amable un día y fría o distante al siguiente, podría estar utilizando esta táctica para desestabilizarte emocionalmente y mantenerte en un estado de confusión.

5 Control Encubierto: Algunos manipuladores no recurren a tácticas agresivas, sino que prefieren un enfoque más sutil, como **limitar tu acceso a la información**, desviar conversaciones o cambiar el tema para evitar ser descubiertos.

Establecer Límites Mentales para Protegerte

Una de las formas más efectivas de protegerte de los manipuladores es establecer **límites mentales claros**. Esto no solo te ayudará a mantener tu bienestar emocional, sino que también te permitirá **identificar comportamientos inaceptables** antes de que se conviertan en un problema.

1 Definir tus Valores y Prioridades: Antes de poder establecer límites, necesitas tener claridad sobre lo que es importante para ti. ¿Cuáles son tus valores y principios fundamentales? ¿Qué cosas estás dispuesto a tolerar y qué cosas no? Al tener una comprensión clara de tus límites, te será más fácil identificarlos y mantenerlos cuando otros intenten cruzarlos.

2 Usar el Poder del "No": Decir "no" puede ser una de las herramientas más poderosas en tu arsenal de autodefensa psicológica. Los manipuladores a menudo se aprovechan de las personas que tienen dificultades para decir "no". Aprende a ser firme y claro al rechazar cualquier cosa que no te parezca correcta.

- **Ejercicio Práctico**: Practica decir "no" en situaciones cotidianas. Comienza con cosas pequeñas, como negarte a realizar una tarea adicional en el trabajo si ya tienes demasiado en tu plato. Al hacerlo, te sentirás más seguro para decir "no" en situaciones más complejas.

3 Distanciamiento Emocional: Cuando tratas con manipuladores, es crucial **mantener la distancia emocional**. No permitas que te afecten sus tácticas de manipulación emocional. Esto significa no involucrarte emocionalmente y tratar de ver la situación desde una perspectiva objetiva.

4 Establecer Consecuencias Claras: Si alguien cruza tus límites, asegúrate de **comunicar las consecuencias** y cumplir con ellas. Por ejemplo, si un colega en el trabajo te interrumpe constantemente, podrías decir: "Si sigues interrumpiéndome, no podré ayudarte con tus tareas". La clave es ser firme y consistente en la aplicación de las consecuencias.

Técnicas de Resistencia Psicológica

Una vez que has identificado a un manipulador y establecido tus límites, el siguiente paso es aprender a **resistir sus tácticas**. Aquí hay algunas técnicas que puedes utilizar para fortalecer tu resistencia psicológica:

1 El Método del Desvío: Cuando un manipulador intenta llevarte a una conversación o situación que no te conviene, utiliza el método del desvío. Esto implica cambiar el tema o simplemente **negarte a participar** en la conversación.

- **Ejemplo**: Si alguien intenta manipularte para hacer algo que no quieres, puedes responder con: "Prefiero no hablar de eso ahora mismo". Luego cambia el tema a algo más neutral.

2 La Técnica del Disco Rayado: Esta técnica consiste en **repetir tu respuesta** de manera calmada y constante sin desviarte de tu posición, incluso si el manipulador intenta presionarte para que cambies de opinión.

- **Ejemplo**: Si alguien insiste en que hagas algo que no quieres, puedes simplemente decir: "Gracias por tu oferta, pero no estoy interesado". Si vuelven a insistir, repite la misma frase sin variaciones.

3 Visualización Positiva: Antes de enfrentarte a una situación en la que sabes que habrá un intento de manipulación, utiliza la **visualización positiva**. Imagina cómo responderás de manera calmada y firme. Este ejercicio te ayudará a prepararte mentalmente y a sentirte más seguro.

4 Escucha Activa y Observación: Una de las mejores formas de defenderte es **observar atentamente** el comportamiento de la otra persona. Escuchar activamente y prestar atención a las señales no verbales puede darte pistas sobre las intenciones reales del manipulador.

- **Ejercicio Práctico**: Durante tus interacciones diarias, enfócate en **escuchar más de lo que hablas**. Esto te permitirá captar información valiosa que podrías pasar por alto si te concentras solo en tus respuestas.

El Costo de No Protegerte: Consecuencias Emocionales

No protegerte de los manipuladores puede tener **consecuencias devastadoras** para tu salud mental y emocional. Las víctimas de manipulación prolongada a menudo experimentan:

- **Ansiedad y Estrés Crónico**: Vivir en un estado constante de incertidumbre puede desencadenar altos niveles de ansiedad y agotamiento emocional.

- **Baja Autoestima**: Los manipuladores buscan erosionar tu confianza en ti mismo para que seas más susceptible a su control.

- **Aislamiento Social**: A menudo, las personas manipuladas se sienten **aisladas y desorientadas**, incapaces de confiar en sus propios juicios o en las personas que las rodean.

Dominar las técnicas de **autodefensa psicológica** no solo te protegerá de aquellos que buscan controlarte, sino que también te empoderará para vivir una vida más **plena y auténtica**. Al aprender a establecer límites mentales y desarrollar tu resistencia psicológica, ganarás confianza en ti mismo y serás menos susceptible a las influencias negativas.

Ahora que has aprendido cómo proteger tu mente y emociones de los manipuladores, en el próximo capítulo exploraremos cómo aplicar estos principios en las **relaciones personales**. Descubrirás cómo detectar relaciones tóxicas y cómo utilizar la psicología oscura de manera ética para gestionar conflictos emocionales y mejorar tus interacciones íntimas.

CAPÍTULO SEIS

PSICOLOGÍA OSCURA EN LAS RELACIONES PERSONALES

Las **relaciones personales** son uno de los aspectos más fundamentales de nuestra vida. Ya sea con amigos, familiares o parejas, nuestras interacciones con los demás pueden ser una fuente de alegría, apoyo y crecimiento. Sin embargo, también pueden convertirse en un campo de batalla emocional donde la manipulación, el control y la toxicidad pueden destruir la confianza y el bienestar. En este capítulo, exploraremos cómo **detectar relaciones tóxicas**, utilizar de forma ética la psicología oscura para gestionar conflictos emocionales y fortalecer las relaciones de pareja.

Detectar Relaciones Tóxicas: Señales de Alerta

Una relación tóxica puede ser una de las experiencias más desgastantes emocionalmente. Puede afectar tu salud mental, tu autoestima y tu capacidad para confiar en los demás. Reconocer las **señales de una relación tóxica** es el primer paso para liberarte de su influencia. A continuación, te presentamos algunas de las señales más comunes:

1 Manipulación Emocional Constante: Si tu pareja, amigo o familiar utiliza tácticas como el **gaslighting**, la culpabilización o la victimización para controlar tu comportamiento, es una señal clara de manipulación. Por ejemplo, alguien que constantemente te dice que "estás siendo demasiado sensible" o que "todo es culpa tuya" está tratando de desestabilizar tu confianza en ti mismo.

2 Falta de Respeto a los Límites: En una relación sana, ambas partes respetan los límites del otro. Si alguien ignora tus deseos, invade tu privacidad o insiste en saber dónde estás en todo momento, puede ser una señal de **control excesivo**.

3 Celos y Posesividad Extremas: Aunque un poco de celos puede ser normal, los celos extremos y la posesividad son signos de una relación tóxica. Si tu pareja constantemente te acusa de ser infiel sin motivo o intenta aislarte de tus amigos y familiares, está tratando de **limitar tu libertad**.

4 Ciclos de Abuso y Reconcilio: Muchas relaciones tóxicas siguen un patrón de abuso emocional o verbal seguido de momentos de reconciliación. El manipulador puede ser extremadamente cruel y luego disculparse profusamente, prometiendo cambiar. Este ciclo de **idealización y devaluación** es una forma de mantenerte atrapado.

5 Aislamiento Social: Una táctica común de los manipuladores es **aislar a su víctima** de su red de apoyo. Si tu pareja o amigo te desalienta de pasar tiempo con otros, es una señal de que está tratando de hacerte depender exclusivamente de ellos.

Uso Ético de la Psicología Oscura en las Relaciones

A pesar de las connotaciones negativas, la **psicología oscura** puede ser utilizada de forma ética para mejorar tus relaciones personales. Entender cómo funcionan las **dinámicas de poder y control** te permitirá gestionar mejor los conflictos y establecer relaciones más equilibradas. Aquí exploramos algunas técnicas para manejar las relaciones de forma más efectiva:

1 Reflejar Emociones: Una técnica simple pero poderosa es **reflejar las emociones** de tu interlocutor. Al mostrar empatía y comprensión, puedes reducir la tensión y ayudar a la otra persona a sentirse escuchada. Por ejemplo, si tu pareja está molesta, en lugar de ponerte a la defensiva, intenta decir: "Entiendo que te sientes frustrado, ¿quieres hablar más sobre ello?"

2 Reencuadre Positivo: En lugar de centrarte en lo negativo de una situación, utiliza el **reencuadre** para encontrar un enfoque más positivo. Por ejemplo, si tu pareja se queja de que nunca pasáis tiempo juntos, puedes reencuadrar diciendo: "Entiendo que te gustaría pasar más tiempo conmigo. ¿Qué te parece si organizamos algo especial este fin de semana?"

3 Técnica del Paño Rojo: Cuando te enfrentas a una discusión intensa, utiliza la técnica del "paño rojo". Esto implica **desviar la atención** hacia un tema menos conflictivo para calmar la situación y luego retomar la conversación una vez que las emociones se hayan enfriado. Por ejemplo, si una discusión sobre dinero se está intensificando, podrías decir: "¿Te gustaría tomar un descanso y hablar sobre otra cosa antes de continuar?"

4 Reciprocidad Emocional: Utiliza el principio de reciprocidad para mejorar tus relaciones. Cuando alguien hace algo amable por ti, muestra tu agradecimiento haciendo algo a cambio. Esta **dinámica de dar y recibir** fortalece el vínculo y crea una sensación de compromiso mutuo.

Gestión de Conflictos Emocionales en las Relaciones de Pareja

Los conflictos son una parte inevitable de cualquier relación, pero **saber cómo manejarlos de manera efectiva** es clave para mantener una relación saludable. Aquí hay algunas estrategias para resolver conflictos de forma constructiva y evitar que se conviertan en un campo de batalla emocional:

1 Usar el "Yo" en Lugar del "Tú": Cuando expreses tus sentimientos, utiliza declaraciones en primera persona en lugar de culpar al otro. Por ejemplo, en lugar de decir "Tú nunca me escuchas", di "Me siento ignorado cuando no prestas atención a lo que digo". Esto reduce la probabilidad de que la otra persona se ponga a la defensiva.

2 Escucha Activa y Validación: Durante una discusión, practica la **escucha activa** y valida los sentimientos de tu pareja. Decir algo como "Entiendo que esto te hace sentir mal" puede desarmar el conflicto y abrir la puerta a una conversación más productiva.

3 Tomar un Tiempo Fuera: Si la conversación se está volviendo demasiado intensa, no dudes en tomar un descanso. Un tiempo fuera puede ayudarte a calmarte y a **recuperar la claridad mental** antes de continuar la discusión.

4 Buscar el Punto Medio: Las relaciones saludables requieren **compromisos**. Si tú y tu pareja están en desacuerdo, busca un terreno común en lugar de intentar ganar a toda costa. Pregúntate: "¿Cómo podemos resolver esto de una manera que funcione para ambos?"

Cómo Fortalecer las Relaciones de Pareja

Una relación de pareja sólida se basa en la **confianza, la comunicación y el respeto mutuo**. A continuación, te ofrecemos algunos consejos para fortalecer tu relación y evitar caer en patrones tóxicos.

1 Fomenta la Autenticidad: Sé tú mismo en tu relación y permite que tu pareja sea auténtica también. La autenticidad fomenta la confianza y evita que ambos caigan en juegos mentales y manipulación.

2 Practica la Apreciación Constante: No des por sentado a tu pareja. Practica la **gratitud y la apreciación** expresando de manera regular lo que valoras de la otra persona. Esto refuerza el vínculo emocional y fomenta una relación más positiva.

3 Mantén Tu Independencia: Aunque es importante construir una vida en común, también lo es mantener tu independencia. Sigue cultivando tus intereses y pasatiempos para mantenerte equilibrado y no depender completamente de tu pareja para tu felicidad.

4 Establecer Metas Compartidas: Trabajar juntos hacia objetivos comunes puede fortalecer tu relación. Ya sea planificar un viaje, ahorrar para una casa o simplemente mejorar vuestra salud, tener **metas compartidas** crea un sentido de propósito y colaboración.

Reflexión Final

Las relaciones personales pueden ser una fuente de **crecimiento y felicidad**, pero también pueden convertirse en un campo de batalla emocional si no se manejan correctamente. Al aprender a detectar **relaciones tóxicas**, establecer límites y utilizar técnicas de **psicología oscura de manera ética**, puedes protegerte a ti mismo y mejorar tus interacciones.

En el próximo capítulo, nos adentraremos en el **entorno profesional**, explorando cómo las tácticas de manipulación y persuasión pueden ser utilizadas tanto para avanzar en tu carrera como para protegerte de manipuladores en el lugar de trabajo. Aprenderás a detectar las señales de manipulación en colegas y jefes, y cómo utilizar estrategias de influencia para convertirte en un líder más efectivo.

CAPÍTULO SIETE

MANIPULACIÓN EN EL ENTORNO PROFESIONAL

El mundo laboral está lleno de **juegos de poder**, donde la manipulación y la persuasión pueden ser tan comunes como las reuniones de negocios y los informes trimestrales. Ya sea que te encuentres en una negociación crítica, en una reunión con tu jefe o en un proyecto de equipo, dominar las **técnicas de influencia** puede darte una ventaja competitiva. En este capítulo, exploraremos cómo se manifiesta la **manipulación en el entorno profesional**, cómo detectar a los manipuladores en el trabajo y qué estrategias puedes utilizar para influir de manera efectiva, protegiéndote al mismo tiempo de quienes podrían intentar aprovecharse de ti.

Persuasión y Manipulación en el Lugar de Trabajo: La Línea Difusa

En el ámbito profesional, la **persuasión y la manipulación** a menudo caminan de la mano. Sin embargo, existe una línea muy fina que separa estas dos prácticas. Mientras que la persuasión busca influir de manera

transparente y ética, la manipulación se basa en tácticas ocultas que pueden tener un impacto negativo en la confianza y el ambiente laboral.

1 Persuasión Ética: Se enfoca en influir utilizando **argumentos sólidos**, datos relevantes y una comunicación clara para guiar a los demás hacia una decisión beneficiosa para ambas partes. Por ejemplo, un líder que motiva a su equipo mostrando cómo su trabajo contribuye al éxito general de la empresa.

2 Manipulación Encubierta: Implica tácticas como el **gaslighting**, la desinformación y el uso de la culpa para influir en las decisiones de los demás. Un manipulador podría ocultar información clave durante una negociación o jugar con las inseguridades de un colega para obtener una ventaja.

Entender esta distinción te permitirá ser un profesional **más persuasivo sin cruzar la línea ética** y, al mismo tiempo, protegerte de aquellos que buscan manipularte.

Detectar Manipuladores en el Trabajo: Señales Comunes

Los **manipuladores en el entorno profesional** pueden ser extremadamente astutos. Utilizan diversas tácticas para avanzar en sus carreras a costa de los demás. Aprender a reconocer estas tácticas es crucial para proteger tu posición y tu bienestar emocional.

1 El Jefe Autoritario: Un líder manipulador puede utilizar el miedo y la intimidación para mantener a su equipo bajo control. Esto incluye tácticas como **cambiar las metas constantemente**, negar el reconocimiento y tomar crédito por el trabajo de los demás. Si sientes que siempre estás caminando sobre cáscaras de huevo, es posible que estés tratando con un jefe manipulador.

2 El Compañero Envidioso: Algunos colegas recurren al **saboteo encubierto** para avanzar en su carrera. Pueden criticar sutilmente tu trabajo, difundir rumores o tratar de desviar la atención de tus logros. Si notas que alguien constantemente **mina tu credibilidad** o trata de socavar tu confianza, es posible que esté utilizando tácticas manipuladoras.

3 El Pasivo-Agresivo: Esta persona evita la confrontación directa, pero utiliza tácticas como **retrasar la entrega de proyectos**, omitir información importante o actuar de manera ambigua para desestabilizarte. Su objetivo es **generar confusión** y hacer que te sientas incompetente.

4 El Halagador Manipulador: Este tipo de manipulador utiliza el **elogio excesivo** y la adulación para ganarse tu confianza y luego aprovecharse de ti. Aunque puede parecer amable al principio, ten cuidado si notas que su apoyo desaparece tan pronto como obtienen lo que quieren.

Estrategias de Influencia para Negociaciones y Reuniones

La **influencia estratégica** en el entorno profesional puede marcar la diferencia entre ser pasado por alto o ser reconocido como un líder competente. A continuación, exploramos algunas tácticas para influir de manera efectiva en **negociaciones, reuniones y situaciones de alta presión**.

1 Utiliza el Principio de Reciprocidad: En una negociación, ofrecer un pequeño **concesión inicial** puede crear un sentido de obligación en la otra parte para devolverte el favor. Por ejemplo, si estás negociando un contrato, puedes ofrecer una ligera reducción en el precio a cambio de un compromiso a largo plazo.

2 Anclaje y Control del Discurso: Durante una reunión, establecer el **marco inicial** de la conversación puede influir en la forma en que los demás interpretan la información. Al presentar primero tus argumentos más sólidos, puedes **anclar** la percepción de la audiencia y dirigir la conversación en la dirección que deseas.

- **Ejemplo**: Si estás presentando un nuevo proyecto, comienza mostrando **estadísticas impresionantes** y éxitos anteriores para establecer un tono positivo y generar confianza.

3 Rapport y Simpatía: Generar **rapporto** con tus colegas y superiores puede ser una herramienta poderosa para influir en sus decisiones. Esto implica **imitar sutilmente** su lenguaje corporal, tono de voz y estilo de comunicación para crear una conexión subconsciente.

- **Aplicación Práctica**: Durante una conversación importante, observa cómo se sienta la otra persona, cómo habla y cómo gesticula. Ajusta tu comportamiento para reflejar el suyo y generar una sensación de camaradería.

4 El Poder del Silencio: Aprender a utilizar el **silencio estratégico** puede ser una herramienta subestimada en las negociaciones. Hacer una pausa después de presentar tu propuesta puede ejercer presión sobre la otra parte para que responda. El silencio puede ser una forma poderosa de **demostrar confianza** y control.

Protegerte de la Manipulación en el Trabajo

Aunque ser persuasivo es una habilidad valiosa, también es crucial saber **protegerte de manipuladores** en el entorno profesional. Aquí hay algunas estrategias para mantener tu integridad y proteger tu bienestar.

1 Documenta Todo: Si sospechas que alguien está intentando manipularte o sabotear tu trabajo, **mantén un registro detallado** de tus interacciones, correos electrónicos y reuniones. Tener pruebas documentadas puede ser tu mejor defensa si la situación escala.

2 Establece Límites Claros: No tengas miedo de **decir no** cuando sea necesario. Si un colega intenta cargarte con tareas adicionales o un jefe insiste en horarios irrazonables, sé firme en establecer tus límites. Esto no solo te protegerá del agotamiento, sino que también enviará un mensaje claro de que no eres susceptible a la manipulación.

3 Desarrolla tu Inteligencia Emocional: La **inteligencia emocional** te permite manejar tus emociones de manera efectiva y leer mejor las intenciones de los demás. Practica la **autoconciencia** para identificar cuándo te sientes presionado o manipulado y aprende a **responder en lugar de reaccionar**.

4 La Técnica del Desvío: Si alguien intenta manipularte durante una conversación, utiliza la técnica del desvío. Esto implica **redirigir la conversación** hacia un tema más neutral o devolver la pregunta al interlocutor para ganar tiempo.

- **Ejemplo**: Si un colega intenta presionarte para tomar una decisión rápida, podrías responder: "Eso suena interesante, pero me gustaría analizarlo más antes de dar una respuesta definitiva".

El **entorno profesional** puede ser un campo de batalla de **influencias y manipulaciones**, donde aquellos que dominan estas técnicas tienen una clara ventaja. Sin embargo, esto no significa que debas convertirte en un manipulador para tener éxito. Al **entender las tácticas que otros pueden utilizar**, puedes protegerte y, al mismo tiempo, utilizar la

persuasión ética para avanzar en tu carrera y mejorar tus relaciones laborales.

En el próximo capítulo, nos adentraremos en un terreno más oscuro: la **psicología de los asesinos en serie**. Exploraremos sus perfiles psicológicos, los factores que los llevan a actuar y cómo los expertos los analizan para prevenir futuros crímenes.

CAPÍTULO OCHO

PSICOLOGÍA DE LOS ASESINOS EN SERIE

La mente de un **asesino en serie** es un laberinto de oscuridad y complejidad que ha fascinado tanto a psicólogos como a criminólogos durante décadas. A través del análisis de sus patrones de comportamiento y sus motivaciones ocultas, podemos comprender mejor lo que los impulsa a cometer actos de una crueldad inimaginable. En este capítulo, exploraremos el **perfil psicológico de los asesinos en serie**, examinaremos casos reales que ilustran sus características y reflexionaremos sobre los **límites psicológicos** que separan a un individuo normal de uno capaz de tales atrocidades.

¿Qué es un Asesino en Serie?

Un **asesino en serie** es una persona que comete múltiples asesinatos, generalmente en un período prolongado, con un "**período de enfriamiento**" entre cada crimen. A diferencia de otros tipos de asesinos, los asesinos en serie no matan por motivos pasionales o por beneficios económicos inmediatos. Sus crímenes suelen estar motivados por un

deseo profundo de gratificación psicológica, que puede incluir el poder, la dominación, la venganza o incluso la satisfacción sexual.

Los asesinos en serie suelen planificar cuidadosamente sus crímenes y seleccionar a sus víctimas de acuerdo a un **perfil específico** que satisface sus deseos personales. A menudo, buscan en sus víctimas ciertas características que las hacen vulnerables o que se ajustan a sus fantasías.

Perfil de un Asesino en Serie: Características Comunes

Aunque cada asesino en serie tiene un conjunto único de motivaciones y métodos, los estudios psicológicos han identificado una serie de **rasgos comunes** que muchos de ellos comparten:

1 Despersonalización de las Víctimas: Los asesinos en serie tienden a ver a sus víctimas como objetos en lugar de seres humanos. Esto les permite cometer actos atroces sin experimentar culpa ni remordimientos. La **despersonalización** es una forma de deshumanización que facilita el acto de matar.

2 Ausencia de Empatía: La mayoría de los asesinos en serie muestran una **falta total de empatía** y compasión por los demás. Algunos pueden simular emociones superficiales para manipular a sus víctimas, pero en realidad son incapaces de sentir el dolor ajeno de manera genuina.

3 Necesidad de Control y Dominación: Los asesinos en serie buscan **control total sobre sus víctimas**. Este deseo de dominación puede ser un reflejo de una vida en la que se han sentido impotentes. El asesinato les proporciona un sentido de poder que, de otra manera, no podrían experimentar.

4 Antecedentes de Abuso y Trauma: Muchos estudios sugieren que una **infancia traumática**, marcada por el abuso físico, emocional o sexual, puede ser un factor contribuyente en el desarrollo de un asesino en serie. Sin embargo, no todos los que sufren traumas infantiles se convierten en asesinos, lo que sugiere que hay otros factores en juego.

5 Comportamiento Antisocial y Psicopatía: Los asesinos en serie suelen mostrar **rasgos psicopáticos**, como la falta de remordimientos, el egocentrismo extremo y la manipulación. Muchos de ellos encajan en la **tríada oscura** de la personalidad: narcisismo, maquiavelismo y psicopatía.

Tipologías de Asesinos en Serie

No todos los asesinos en serie son iguales. Los criminólogos y psicólogos han desarrollado varias **tipologías** para clasificar a estos individuos según sus motivaciones y patrones de comportamiento. A continuación, presentamos algunas de las categorías más comunes:

1 El Visionario: Este tipo de asesino alega que una "voz" o una "visión" les ordena matar. Pueden padecer de trastornos mentales como la esquizofrenia. Para ellos, el acto de matar es una forma de obedecer lo que perciben como órdenes divinas o demoníacas.

◦ **Caso real**: **David Berkowitz**, también conocido como el "Hijo de Sam", afirmó que un demonio que habitaba en el perro de su vecino le ordenó matar.

2 El Hedonista: Estos asesinos matan por placer. Pueden estar motivados por la gratificación sexual, la emoción del asesinato o el simple disfrute del sufrimiento ajeno. Sus crímenes suelen ser extremadamente violentos y sádicos.

◦ **Caso real**: **Ted Bundy** es un ejemplo clásico de un asesino hedonista que mataba por placer y gratificación sexual.

3 El Asesino de Misión: Cree que su deber es **"limpiar" el mundo** de ciertos tipos de personas, como prostitutas, drogadictos o miembros de ciertos grupos étnicos. A diferencia del visionario, el asesino de misión no suele tener alucinaciones; sus motivos son ideológicos.

◦ **Caso real: Joseph Paul Franklin**, un supremacista blanco que mataba a personas de minorías raciales con el fin de "purificar" la sociedad.

4 El Asesino que Busca Poder: Estos individuos matan para **sentirse poderosos y en control**. Sus crímenes suelen involucrar secuestros prolongados y tortura, ya que disfrutan del control absoluto sobre la vida y la muerte de sus víctimas.

◦ **Caso real: Dennis Rader**, conocido como el "Asesino BTK" (Bind, Torture, Kill), asesinaba para satisfacer su deseo de poder y control.

Análisis de Casos Reales: Aprendiendo de los Monstruos

Para entender mejor cómo funcionan las mentes de los asesinos en serie, veamos algunos **casos reales** que han desconcertado a los expertos durante años.

1 Ted Bundy: Atractivo, carismático y educado, Bundy era un **maestro de la manipulación**. Se ganaba la confianza de sus víctimas utilizando su encanto antes de secuestrarlas y matarlas. Su capacidad para simular emociones genuinas le permitió evadir a las autoridades durante años. Bundy confesó más de 30 asesinatos antes de ser finalmente ejecutado.

2 Jeffrey Dahmer: Conocido como el "Caníbal de Milwaukee", Dahmer seleccionaba a sus víctimas entre personas marginadas de la sociedad. Tras asesinar, mutilaba y en algunos casos **consumía** partes de sus víctimas.

Dahmer afirmó que su deseo de control sobre los demás lo llevó a cometer estos actos atroces.

3 Aileen Wuornos: Una de las pocas mujeres asesinas en serie conocidas, Wuornos fue una prostituta que mató a varios hombres en un lapso de un año. Aunque alegó defensa propia, muchos creen que sus motivos iban más allá de la simple autoprotección, incluyendo la **venganza y el resentimiento** hacia los hombres debido a una vida llena de abusos.

Reflexión sobre los Límites Psicológicos

La existencia de los asesinos en serie nos lleva a cuestionar **los límites psicológicos del ser humano**. ¿Qué separa a un individuo "normal" de alguien capaz de cometer estos crímenes atroces? Si bien factores como la **genética, el entorno y las experiencias traumáticas** juegan un papel importante, la verdadera respuesta sigue siendo un misterio para los psicólogos.

Los estudios indican que aunque ciertos rasgos, como la psicopatía, pueden predisponer a una persona al comportamiento violento, no son determinantes absolutos. De hecho, hay muchas personas con rasgos psicopáticos que no se convierten en criminales. Esto sugiere que hay factores aún más profundos que influyen en la evolución de un asesino en serie.

Comprender la **psicología de los asesinos en serie** no es un ejercicio morboso, sino una herramienta esencial para prevenir futuros crímenes y proteger a la sociedad. A través del estudio de estos casos, podemos identificar **señales de advertencia tempranas** y desarrollar mejores estrategias para intervenir antes de que alguien cruce esa línea mortal.

En el próximo capítulo, exploraremos un tema más positivo pero igualmente crucial: la **inteligencia emocional** y cómo el **autocontrol** puede ayudarnos a gestionar nuestras emociones y responder mejor a los desafíos de la vida cotidiana. Aprenderás a fortalecer tu resiliencia emocional y a utilizar tus emociones como una herramienta para el crecimiento personal.

CAPÍTULO NUEVE

INTELIGENCIA EMOCIONAL Y AUTOCONTROL

La **inteligencia emocional** es la capacidad de entender y gestionar nuestras propias emociones, así como las de los demás. En un mundo donde el éxito no depende únicamente de la inteligencia cognitiva, la **inteligencia emocional** se ha convertido en una herramienta esencial para alcanzar nuestros objetivos personales y profesionales. En este capítulo, profundizaremos en qué es la inteligencia emocional, exploraremos cómo desarrollar un mayor autocontrol y aprenderemos **técnicas para gestionar nuestras emociones** de manera efectiva.

¿Qué es la Inteligencia Emocional?

El concepto de **inteligencia emocional** fue popularizado por Daniel Goleman, quien lo definió como la capacidad de **reconocer, entender y gestionar las emociones**, tanto propias como ajenas. A diferencia del coeficiente intelectual (IQ), que mide nuestras capacidades cognitivas, la inteligencia emocional (EQ) se centra en **cómo manejamos nuestras emociones y las de los demás**.

La inteligencia emocional se desglosa en **cinco componentes clave**:

1 Autoconciencia: Conocer y entender tus propias emociones, cómo te afectan y cómo impactan en tu comportamiento. La autoconciencia implica reconocer tus puntos fuertes y débiles, así como aceptar tus limitaciones.

2 Autoregulación: La capacidad de **controlar tus impulsos y emociones** en situaciones difíciles. En lugar de reaccionar de manera impulsiva, la autorregulación te permite mantener la calma y pensar antes de actuar.

3 Motivación: La habilidad para **canalizar tus emociones** hacia la consecución de tus objetivos. Las personas con un alto nivel de inteligencia emocional son intrínsecamente motivadas y resilientes ante los fracasos.

4 Empatía: Comprender y **percibir las emociones de los demás** es fundamental para construir relaciones sólidas y efectivas. La empatía te permite interpretar las señales emocionales y responder de manera adecuada.

5 Habilidades Sociales: La capacidad de **gestionar las relaciones interpersonales** de manera efectiva, utilizando la comunicación y la persuasión para influir en los demás.

Técnicas para Mejorar la Inteligencia Emocional

La inteligencia emocional no es un rasgo fijo; puede desarrollarse y fortalecerse con práctica y esfuerzo. A continuación, presentamos algunas **técnicas prácticas** para mejorar tu inteligencia emocional y alcanzar un mayor control sobre tus emociones.

1 Práctica de la Autoconciencia:

◦ Dedica unos minutos al día a **reflexionar sobre tus emociones**. Pregúntate: "¿Qué estoy sintiendo ahora?" y "¿Qué ha desencadenado esta emoción?". Llevar un **diario emocional** puede ayudarte a identificar patrones y comprender mejor tus reacciones.

2 Controlar los Impulsos con la Técnica de la Pausa:

◦ Antes de responder a una situación emocionalmente intensa, **tómate un momento para respirar profundamente**. Esta pausa te dará el tiempo necesario para **calmarte y reflexionar** sobre la mejor respuesta, evitando reacciones impulsivas.

◦ **Ejemplo práctico**: Si un compañero de trabajo te critica de manera injusta, en lugar de reaccionar con ira, tómate un momento para procesar sus palabras y decidir cómo responder de manera más efectiva.

3 Practicar la Empatía Activa:

◦ Desarrolla tu empatía prestando atención a las **señales no verbales** de los demás, como su lenguaje corporal y tono de voz. Durante las conversaciones, practica la **escucha activa** y valida las emociones del otro diciendo algo como "Entiendo que esto te hace sentir frustrado".

4 Establecer Metas Personales y Automotivación:

◦ Define metas **claras y alcanzables** que te motiven a seguir adelante incluso en tiempos difíciles. Utiliza el **reencuadre positivo** para ver los obstáculos como oportunidades de aprendizaje. Por ejemplo, si fallas en un proyecto, en lugar de centrarte en el fracaso, pregúntate: "¿Qué he aprendido de esta experiencia?"

5 Fortalecer tus Habilidades Sociales:

◦ Practica técnicas de **persuasión y negociación** para mejorar tus habilidades sociales. Participar en **actividades grupales** y colaborar en proyectos te permitirá mejorar tu capacidad de influir en los demás y construir relaciones más sólidas.

Técnicas de Autocontrol para Gestionar las Emociones

El **autocontrol** es la capacidad de regular tus emociones, especialmente en momentos de estrés o conflicto. Aprender a **gestionar tus impulsos** no solo mejora tu bienestar personal, sino que también te hace más efectivo en tus relaciones y en tu vida profesional.

1 Mindfulness y Meditación:

◦ Practicar **mindfulness** te ayuda a mantener la **atención en el presente** y a observar tus pensamientos y emociones sin juzgarlos. La meditación diaria puede reducir el estrés y aumentar tu capacidad de mantener la calma en situaciones difíciles.

2 Técnica de la Visualización:

◦ Antes de enfrentarte a una situación que te genere ansiedad, utiliza la **visualización positiva**. Imagina cómo manejarás la situación de manera tranquila y efectiva. Esto no solo te ayudará a prepararte mentalmente, sino que también aumentará tu confianza.

◦ **Ejercicio**: Si tienes una presentación importante, visualízate hablando con claridad y seguridad, captando la atención de tu audiencia y recibiendo una respuesta positiva.

3 La Técnica del Diario Emocional:

◦ Escribir un **diario emocional** te permite desahogar tus sentimientos y analizar tus reacciones. Al plasmar tus pensamientos en papel, puedes identificar patrones de comportamiento y trabajar en áreas que necesitas mejorar.

4 Uso del Reencuadre para Cambiar tu Perspectiva:

◦ El reencuadre consiste en cambiar la forma en que ves una situación para **alterar tu respuesta emocional.** Por ejemplo, en lugar de ver un error como un fracaso, míralo como una oportunidad para aprender y mejorar.

Ejercicios para Desarrollar el Autocontrol

A continuación, te proponemos algunos **ejercicios prácticos** para desarrollar tu autocontrol y mejorar tu capacidad de gestionar tus emociones.

1 Prueba del "Espacio de 5 Segundos":

◦ Cuando sientas un impulso fuerte, ya sea el deseo de interrumpir a alguien en una conversación o de responder con enojo a un comentario, **cuenta hasta cinco** antes de actuar. Esta pausa te permitirá reconsiderar tu respuesta.

2 Entrenamiento en la Resiliencia Emocional:

◦ Cada vez que te enfrentes a una situación difícil, **practica la gratitud** identificando tres aspectos positivos que has aprendido de la experiencia. Esto te ayudará a **fortalecer tu resiliencia** y a adoptar una mentalidad de crecimiento.

3 Respiración Profunda para Calmar la Ansiedad:

◦ En momentos de estrés, utiliza la **técnica de la respiración 4-7-8**: inhala por la nariz durante 4 segundos, retén la respiración durante 7 segundos y exhala lentamente por la boca durante 8 segundos. Este ejercicio activa el sistema nervioso parasimpático, ayudándote a relajarte.

Reflexión Final

Desarrollar tu **inteligencia emocional y autocontrol** no solo te permitirá gestionar tus emociones de manera más efectiva, sino que también te ayudará a **fortalecer tus relaciones** y a alcanzar tus metas personales y profesionales con mayor eficacia. La capacidad de entender y controlar tus emociones es una de las herramientas más poderosas para mejorar tu calidad de vida y alcanzar el éxito en cualquier área que elijas.

En el próximo capítulo, nos adentraremos en el arte de **detectar mentiras y engaños**. Aprenderás a identificar las señales físicas y verbales que delatan a un mentiroso, así como a utilizar técnicas avanzadas para descubrir la verdad en cualquier situación.

CAPÍTULO DIEZ

CÓMO DETECTAR MENTIRAS Y ENGAÑOS

La **detección de mentiras y engaños** ha sido una preocupación constante en la interacción humana. Desde el mundo de los negocios hasta las relaciones personales, saber cuándo alguien está mintiendo puede darte una ventaja crucial para protegerte y tomar decisiones informadas. En este capítulo, exploraremos las **señales físicas y verbales** que delatan a un mentiroso, así como **técnicas avanzadas de detección** basadas en la comunicación no verbal y la psicología. Con estas herramientas, serás capaz de identificar las mentiras y distinguir la verdad en cualquier situación.

La Ciencia Detrás de la Mentira

Mentir es un comportamiento que forma parte de la naturaleza humana. Estudios han demostrado que, en promedio, las personas dicen entre **una y dos mentiras al día**. Sin embargo, no todas las mentiras son iguales. Algunas son mentiras piadosas, destinadas a evitar conflictos o herir sentimientos, mientras que otras buscan manipular, engañar o beneficiarse a costa de los demás.

El proceso de mentir genera un **conflicto interno** en la mayoría de las personas, ya que implica contradecir lo que realmente se sabe que es cierto. Este conflicto suele manifestarse en **señales físicas y verbales**, que pueden ser detectadas si se sabe dónde buscar. A continuación, te enseñaremos a identificar estas señales para descubrir cuándo alguien está siendo deshonesto.

Señales Físicas del Engaño

El cuerpo humano tiene una forma única de **delatar la verdad**, incluso cuando las palabras dicen lo contrario. Aquí te presentamos algunas señales físicas que pueden indicar que alguien está mintiendo:

1 Contacto Visual Inconsistente: Un mentiroso puede evitar el contacto visual porque siente culpa o ansiedad, aunque algunos pueden intentar **sostener la mirada de manera excesiva** para parecer honestos. Observa si el contacto visual cambia drásticamente durante la conversación.

2 Micropicores y Auto-Tocamientos: Las personas que mienten suelen experimentar **micropicores** en el rostro o el cuello debido al aumento de la tensión. Tocarse la cara, el cuello o la boca es un gesto inconsciente que puede indicar que están intentando **ocultar la verdad**.

3 Movimiento Corporal Inquieto: Cuando alguien miente, puede volverse más **inquieto**. Los movimientos nerviosos, como **mover los pies, tamborilear con los dedos o cambiar de postura constantemente**, pueden ser indicativos de incomodidad.

4 Microexpresiones: Las microexpresiones son **expresiones faciales**

fugaces que duran menos de un segundo y revelan las verdaderas emociones de una persona antes de que puedan ser ocultadas conscientemente. Por ejemplo, si alguien finge felicidad pero sus ojos muestran tristeza durante un breve instante, es posible que esté mintiendo.

5 Congelamiento Corporal: A diferencia de lo que se suele pensar, algunos mentirosos, en lugar de moverse más, tienden a **congelarse** y restringir sus movimientos. Esto se debe a que están concentrados en **controlar sus palabras** y evitar que su lenguaje corporal los delate.

Señales Verbales que delatan a un Mentiroso

Además de las señales físicas, las **palabras y el tono de voz** también pueden ofrecer pistas sobre la veracidad de una persona. Aquí hay algunos **indicadores verbales** que puedes utilizar para detectar mentiras:

1 Demasiados Detalles Innecesarios: Cuando alguien está mintiendo, puede ofrecer **detalles excesivos** para que su historia parezca más creíble. Esto se debe a que temen que no les crean y, por lo tanto, intentan sobrecompensar.

2 Cambios en el Tono de Voz: Presta atención a **cambios sutiles en el tono de voz**, como un tono más agudo o más bajo de lo normal. Los cambios en el ritmo del habla o en la velocidad también pueden indicar estrés.

3 Negación y Justificación Constante: Un mentiroso a menudo utiliza **frases defensivas** como "Te aseguro que es verdad" o "No tienes que preocuparte". Estas afirmaciones pueden ser un intento de **convencerte** cuando, en realidad, están tratando de convencerse a sí mismos.

4 Uso de Lenguaje Impersonal: Para **distanciarse de la mentira**, los mentirosos suelen evitar usar pronombres personales como "yo" o "nosotros". En lugar de decir "No hice eso", pueden decir "Eso no se hizo".

5 Pausas y Vacilaciones: Las mentiras requieren un esfuerzo cognitivo adicional, lo que puede llevar a **pausas** más largas o a **muletillas** como "um", "eh" o "bueno" antes de responder.

Técnicas Avanzadas para Detectar Mentiras

Más allá de las señales físicas y verbales, existen **técnicas avanzadas** que pueden ayudarte a detectar mentiras de manera más precisa. A continuación, te presentamos algunas de estas técnicas basadas en principios psicológicos.

1 La Técnica del Reencuentro: En lugar de interrogar a la persona directamente, **haz que cuente su historia al revés**. Pedir a alguien que narre los hechos en orden inverso aumenta la **carga cognitiva**, lo que hace más difícil mantener una mentira coherente.

2 Preguntas Trampa: Haz preguntas que **parezcan inocentes** pero que requieran respuestas que solo serían ciertas si la historia de la persona es veraz. Por ejemplo, si alguien dice que estuvo en un lugar específico, pregúntale detalles como "¿Qué música sonaba en ese momento?" o "¿Qué color era la decoración?".

3 El Efecto de la Pausa Prolongada: Utiliza el **silencio estratégico** después de que la persona haya terminado de hablar. Los mentirosos suelen sentirse incómodos con los silencios prolongados y pueden **llenarlos con información adicional** que revele incongruencias.

4 Escaneo de Incongruencias: Escucha **incongruencias** entre lo que dice la persona y su lenguaje corporal. Por ejemplo, si alguien te dice que está feliz pero su rostro muestra tristeza, es probable que algo no cuadre.

5 Técnica del Anclaje Emocional: Durante una conversación, cambia el **tema de forma abrupta** para ver si la persona muestra alivio. Si alguien está mintiendo, es posible que responda con un **suspirito de alivio** cuando el tema cambie.

Ejemplos Prácticos de Detección de Mentiras

Apliquemos lo aprendido en algunos **escenarios prácticos** para entender cómo estas técnicas pueden ayudarte a identificar mentiras en situaciones reales.

1 Entrevista de Trabajo: Si notas que un candidato **evita el contacto visual** o utiliza demasiados detalles superfluos para responder a preguntas sobre su experiencia anterior, podría estar **exagerando** sus habilidades.

2 Relaciones Personales: Si tu pareja tiende a **tocar su cara** o **responder de manera defensiva** cuando le preguntas sobre un tema sensible, podría estar ocultando algo. Observa cómo cambia su **lenguaje corporal** cuando cambias de tema.

3 Negociaciones de Negocios: Durante una negociación, si tu contraparte muestra **microexpresiones** de disgusto mientras afirma estar satisfecha con tu oferta, es posible que no esté siendo completamente honesta y busque obtener un mejor trato.

Reflexión Final

Aprender a **detectar mentiras y engaños** no solo te ayudará a protegerte de manipuladores, sino que también te permitirá tomar decisiones más informadas en tu vida diaria. Sin embargo, es importante recordar que ninguna técnica es infalible y que **la interpretación de señales debe considerarse en el contexto general.**

En el próximo capítulo, exploraremos cómo las **estrategias de influencia masiva** son utilizadas en los medios de comunicación y la política para manipular la opinión pública. Aprenderás a reconocer estas tácticas y a protegerte del **control de masas.**

CAPÍTULO ONCE

ESTRATEGIAS DE INFLUENCIA MASIVA

Vivimos en un mundo donde las **estrategias de influencia masiva** son empleadas a diario para moldear nuestras creencias, decisiones y comportamientos. Desde la **política y los medios de comunicación** hasta la publicidad y las redes sociales, la manipulación a gran escala tiene el poder de controlar a las masas y cambiar el curso de la historia. En este capítulo, desentrañaremos las **técnicas de influencia masiva**, exploraremos cómo se utilizan en los medios y en la política, y te proporcionaremos herramientas para protegerte de estas estrategias de manipulación.

La Psicología Detrás del Control de Masas

La **influencia masiva** es la capacidad de manipular a un gran número de personas al mismo tiempo, orientando sus pensamientos, emociones y acciones hacia un objetivo determinado. Las técnicas utilizadas para influir en la opinión pública se basan en principios psicológicos fundamentales que explotan **los sesgos cognitivos, las emociones y las necesidades humanas.**

1 El Efecto de la Conformidad Social: Los seres humanos tienen una fuerte necesidad de **pertenencia** y aceptación dentro de un grupo. Esta necesidad nos lleva a **conformarnos con las opiniones** y comportamientos de los demás, especialmente en situaciones de incertidumbre. Los manipuladores utilizan la conformidad social para influir en la opinión pública y hacer que las personas acepten ideas que, de otro modo, podrían cuestionar.

2 El Miedo y la Urgencia: Una de las tácticas más efectivas en la manipulación masiva es el uso del **miedo** para crear una sensación de urgencia y pánico. Los políticos, por ejemplo, pueden exagerar amenazas externas para obtener apoyo en tiempos de crisis. El miedo hace que las personas **tomen decisiones impulsivas** y acepten soluciones que normalmente rechazarían.

3 La Técnica del Chivo Expiatorio: Esta táctica consiste en **culpar a un grupo o a una persona** de todos los problemas, desviando la atención de las verdaderas causas. Esto se utiliza para unir a la población contra un enemigo común, generando un fuerte sentido de identidad y lealtad.

4 Repetición y Exposición Continua: La repetición es una poderosa técnica de persuasión. Cuando se repite un mensaje constantemente, **se convierte en una "verdad" aceptada** por la mayoría de las personas, incluso si es falso. Los medios de comunicación utilizan esta táctica para influir en la opinión pública a través de titulares repetitivos y noticias que refuerzan la misma narrativa.

5 Escasez y Control de la Información: Limitar el acceso a la información y promover solo ciertos puntos de vista es una forma efectiva de **controlar el pensamiento**. Cuando las personas tienen acceso limitado a datos y perspectivas, es más fácil manipular su percepción de la realidad.

Manipulación en la Política: Tácticas Comunes

La política es uno de los terrenos más fértiles para la **manipulación masiva**. Los líderes políticos han utilizado estrategias de influencia durante siglos para ganar poder, mantenerse en el cargo y orientar la opinión pública en su favor.

1 Propaganda y Mensajes Emotivos: La propaganda es una forma sistemática de **manipular las emociones** para influir en la percepción pública. Utiliza imágenes, símbolos y narrativas diseñadas para provocar miedo, esperanza o patriotismo.

- **Ejemplo**: Durante las campañas electorales, los políticos pueden utilizar imágenes de familias felices y seguras para evocar un sentimiento de protección y confianza, sugiriendo que solo ellos pueden garantizar ese bienestar.

2 Creación de Enemigos Comunes: Para unificar a la población y desviar la atención de problemas internos, los líderes políticos suelen **crear un enemigo común**, ya sea un grupo social, un país extranjero o una ideología.

- **Caso real**: Durante la Guerra Fría, tanto Estados Unidos como la Unión Soviética utilizaron la amenaza del otro para **manipular a sus respectivas poblaciones** y obtener apoyo para políticas militares.

3 Control Narrativo: Los políticos y sus equipos de comunicación **controlan la narrativa** mediante la gestión cuidadosa de los medios de comunicación. Esto incluye seleccionar qué historias se cubren y cómo se presentan, así como evitar temas que puedan perjudicar su imagen.

○ **Ejemplo**: Algunos gobiernos censuran ciertas noticias o utilizan los medios estatales para difundir mensajes que refuercen su poder.

4 Uso de Bots y Redes Sociales: En la era digital, los bots y las cuentas falsas en redes sociales se utilizan para **difundir información falsa**, amplificar ciertos mensajes y crear la ilusión de apoyo masivo. Esto puede inclinar las opiniones en un corto período de tiempo.

○ **Caso práctico**: Las campañas de desinformación en plataformas como Twitter y Facebook han sido utilizadas para influir en elecciones y generar conflictos sociales.

Publicidad y Persuasión en la Economía de Consumo

No solo los políticos emplean **técnicas de manipulación** masiva. El mundo de la publicidad y el marketing también se basa en principios psicológicos para **influenciar el comportamiento de los consumidores**.

1 Publicidad Subliminal: Aunque controvertida, la **publicidad subliminal** busca influir en el subconsciente mediante imágenes o mensajes que pasan desapercibidos a simple vista. Esta técnica se utiliza para **inducir deseos o asociaciones** positivas con un producto.

2 Reciprocidad en Promociones: Los expertos en marketing utilizan la **reciprocidad** al ofrecer muestras gratuitas o descuentos. Esto crea una sensación de obligación en los consumidores, que se sienten inclinados a **devolver el favor comprando el producto**.

3 Influencers y Validación Social: En la era de las redes sociales, las empresas utilizan **influencers** para **crear prueba social** y persuadir a sus seguidores de que un producto es deseable. Ver a alguien que respetamos usando un producto aumenta la probabilidad de que lo compremos.

4 Creación de Escasez Artificial: Las campañas de "edición limitada" o "oferta por tiempo limitado" son ejemplos de cómo la **escasez puede ser manipulada** para crear un sentido de urgencia y hacer que los consumidores actúen impulsivamente.

Cómo Protegerse del Control de Masas

A medida que nos enfrentamos a un **bombardeo constante de información**, es crucial desarrollar **estrategias de defensa** para evitar ser manipulados. A continuación, te presentamos algunas **técnicas para protegerte** de la influencia masiva:

1 Desarrolla tu Pensamiento Crítico: Cuestiona la información que recibes, especialmente si proviene de **fuentes unilaterales** o si se presenta de manera emocional y sensacionalista. Pregúntate: "¿Cuál es la intención detrás de este mensaje?"

2 Diversifica tus Fuentes de Información: No confíes en una sola fuente para informarte. Busca perspectivas **diversas y contrastantes** para obtener una visión más completa de la realidad.

3 Identifica las Tácticas de Miedo: Si un mensaje está diseñado para **provocar miedo o pánico**, tómate un momento para evaluar su veracidad. Los mensajes que buscan asustarte suelen tener una agenda oculta.

4 Resiste la Presión Social: Aprende a **cuestionar la conformidad** y toma decisiones basadas en tu propio juicio, en lugar de seguir ciegamente la opinión de la mayoría.

5 Desarrolla tu Inteligencia Emocional: Ser consciente de tus propias emociones y aprender a gestionarlas puede ayudarte a **resistir las tácticas manipuladoras** que buscan explotar tus miedos y deseos.

Reflexión Final

La **influencia masiva** no es una herramienta inherentemente buena o mala; su poder depende de quién la utilice y con qué fines. Comprender las **estrategias de manipulación** y desarrollar tus propias defensas es esencial para mantener tu **autonomía mental** en un mundo donde la información puede ser utilizada como un arma.

En el próximo capítulo, exploraremos el tema de la **ética en el uso de la psicología oscura**. Discutiremos cuándo y cómo utilizar estas técnicas de manera responsable para influir en los demás, sin cruzar la línea de la manipulación destructiva.

CAPÍTULO DOCE

ÉTICA EN EL USO DE LA PSICOLOGÍA OSCURA

A lo largo de este libro, hemos explorado diversas técnicas de **psicología oscura**, persuasión, manipulación y control mental que, si se utilizan de manera estratégica, pueden otorgar un poder significativo en tus interacciones. Sin embargo, con este poder viene una **gran responsabilidad**. El uso de la psicología oscura no es un asunto trivial, y debe ser abordado con un fuerte sentido ético para evitar daños irreparables en las relaciones y en la vida de los demás. En este capítulo, discutiremos los dilemas éticos que rodean estas técnicas, cómo utilizarlas de manera **responsable** y los principios que deben guiar su uso.

El Dilema Ético: ¿Hasta Dónde es Aceptable Influenciar?

Cuando se habla de **psicología oscura**, la línea entre la **influencia ética** y la manipulación destructiva puede volverse borrosa. Influenciar a otros es parte de la naturaleza humana; lo hacemos todos los días, ya sea al **persuadir a un amigo** para que vea una película que nos gusta o al

convencer a un cliente para que compre un producto. Sin embargo, la manipulación implica una intención oculta, un deseo de controlar el comportamiento de los demás para obtener un beneficio personal, a menudo a expensas del otro.

El verdadero dilema ético surge cuando se utilizan tácticas psicológicas de manera deliberada para explotar las vulnerabilidades de alguien sin su conocimiento o consentimiento. Aquí surge la pregunta clave: **¿Es correcto utilizar estas técnicas, incluso si el objetivo es noble?**

• **Manipulación Ética vs. Manipulación Maliciosa**: La **manipulación ética** puede ser aceptable cuando se utiliza para el beneficio mutuo, como motivar a un equipo a alcanzar un objetivo positivo o persuadir a un ser querido para que adopte un hábito saludable. Sin embargo, la **manipulación maliciosa** busca únicamente el beneficio personal, sin considerar el impacto en los demás.

Uso Responsable de la Psicología Oscura

Para utilizar estas técnicas de manera ética, es importante tener en cuenta ciertos principios que guíen tu comportamiento. Aquí te presentamos algunas **directrices para el uso responsable** de la psicología oscura.

1 Respeto por la Autonomía: La base de la ética es respetar la **libertad de elección** de los demás. Si estás influyendo en una persona para que tome una decisión, asegúrate de que tenga toda la información necesaria y que no esté siendo coaccionada de manera indebida.

○ **Ejemplo**: Si estás utilizando técnicas de persuasión en una negociación, asegúrate de que tu contraparte **comprenda plenamente los términos** y no se sienta presionada a aceptar un acuerdo que no le conviene.

2 Transparencia y Honestidad: Aunque puede haber situaciones en las que es tentador **ocultar la verdad** para lograr un objetivo, la honestidad a largo plazo genera confianza y relaciones más sólidas. Evita utilizar tácticas que impliquen **engaño flagrante** o distorsión de la realidad.

◦ **Ejemplo**: Si estás intentando persuadir a un cliente para que compre un producto, sé claro sobre sus **beneficios y limitaciones** en lugar de exagerar sus ventajas para cerrar la venta.

3 Beneficio Mutuo: Siempre que utilices técnicas de influencia, pregúntate si tu **intervención beneficiará también a la otra persona** o si estás actuando solo en tu propio interés. Si ambos salen ganando, es más probable que tu uso de la psicología oscura sea ético.

◦ **Caso Práctico**: Si estás en una posición de liderazgo y necesitas motivar a tu equipo, utiliza técnicas de persuasión que **aumenten su compromiso** y al mismo tiempo mejoren sus habilidades y satisfacción en el trabajo.

4 Autocontrol y Autoconciencia: El uso de estas tácticas requiere un alto nivel de **autoconciencia y autocontrol**. Es fácil dejarse llevar por el poder que confiere la manipulación psicológica. Antes de actuar, reflexiona sobre **tus verdaderas intenciones** y considera si estás actuando de manera justa.

◦ **Ejercicio Práctico**: Antes de aplicar una técnica de persuasión, detente y pregúntate: "¿Cómo me sentiría si alguien me hiciera esto a mí?". Esta perspectiva puede ayudarte a mantener tus **acciones alineadas con tus valores**.

Casos de Estudio Éticos

Para ilustrar la aplicación de la ética en el uso de la psicología oscura, a continuación, se presentan algunos **casos de estudio** que demuestran tanto el uso responsable como el uso cuestionable de estas técnicas.

1 Caso 1: Motivar a un Empleado con Técnicas de Persuasión Ética

Un gerente quiere aumentar la productividad de su equipo sin recurrir a tácticas coercitivas. Utiliza la técnica del **reencuadre positivo** para presentar las tareas más difíciles como desafíos que permitirán a sus empleados desarrollarse profesionalmente. El resultado es un aumento en la motivación y satisfacción laboral.

2 Caso 2: Manipulación en una Relación Personal

Una persona utiliza el **gaslighting** en su relación de pareja, distorsionando la realidad para que su pareja dude de sus propias percepciones. Aunque esto puede parecer efectivo para obtener control en el corto plazo, resulta en una **pérdida total de confianza** y un daño psicológico duradero en la otra persona.

3 Caso 3: Influencia en una Campaña de Salud Pública

Un experto en marketing utiliza **técnicas de persuasión** para promover la vacunación contra una enfermedad, utilizando mensajes que apelan a la seguridad de los seres queridos. Aunque puede parecer manipulador, en este caso, el objetivo es **proteger la salud pública**, lo que justifica el uso de tácticas de influencia.

Reflexiones Finales sobre la Ética en la Psicología Oscura

La **psicología oscura**, al igual que cualquier herramienta poderosa, puede ser utilizada tanto para el bien como para el mal. La clave para utilizar estas técnicas de manera ética radica en **reflexionar sobre tus intenciones** y en considerar las posibles consecuencias de tus acciones.

Cuando se utilizan con el propósito de **beneficiar a ambas partes** o para proteger a alguien de un daño potencial, pueden ser una herramienta valiosa para el crecimiento personal y profesional.

El verdadero desafío no es aprender a manipular a los demás, sino **dominarse a uno mismo** para asegurarse de que el poder que otorgan estas técnicas sea utilizado de manera **responsable y compasiva**.

En el próximo y último capítulo, presentaremos una serie de **ejercicios prácticos y autoevaluaciones** que te ayudarán a poner en práctica todo lo que has aprendido en este libro. Te proporcionaremos un **plan de 30 días** para mejorar tus habilidades de persuasión e influencia, así como ejercicios para fortalecer tu **autodefensa psicológica**.

CAPÍTULO TRECE

EJERCICIOS PRÁCTICOS Y AUTOEVALUACIÓN

Ahora que has explorado en profundidad las **técnicas de psicología oscura**, persuasión, y autodefensa psicológica, es momento de llevar estos conocimientos a la práctica. Este capítulo está diseñado para proporcionarte una serie de **ejercicios prácticos** y herramientas de **autoevaluación** que te ayudarán a desarrollar tus habilidades de manera consciente y efectiva. Además, te presentamos un **plan de 30 días** que te permitirá integrar estas técnicas en tu vida diaria y perfeccionarlas para alcanzar un control absoluto en tus interacciones.

Ejercicios de Persuasión e Influencia

Estos ejercicios te permitirán **practicar las habilidades** que has aprendido y aplicarlas en situaciones cotidianas. Realízalos de forma constante para desarrollar una mayor fluidez y confianza en tus técnicas de influencia.

Ejercicio 1: Practica del Rapport

- **Objetivo**: Mejorar tu capacidad para conectar con los demás utilizando **técnicas de rapport**.

- **Instrucciones**: Durante tus interacciones diarias, enfócate en **imitar sutilmente el lenguaje corporal, el tono de voz y el ritmo** del habla de tu interlocutor. Observa cómo, al hacerlo, la otra persona se vuelve más abierta y receptiva. Después, reflexiona sobre cómo este cambio afectó la interacción.

Ejercicio 2: Uso del Reencuadre Positivo

- **Objetivo**: Aprender a cambiar la percepción de una situación para influir en las emociones y comportamientos de los demás.

- **Instrucciones**: Cada vez que enfrentes una situación negativa, practica el **reencuadre**. Por ejemplo, si un compañero de trabajo está molesto por un problema, en lugar de enfocarte en el problema, señala cómo esta experiencia podría **convertirse en una oportunidad** para aprender algo nuevo.

Ejercicio 3: La Técnica del Anclaje Emocional

- **Objetivo**: Asocia emociones positivas con ciertos estímulos para influir en el estado emocional de los demás.

- **Instrucciones**: Durante una conversación, cuando notes que la otra persona está particularmente feliz o emocionada, **utiliza un gesto sutil** (como tocar su brazo o decir una frase específica). Repite este gesto en futuras interacciones para **reactivar la emoción positiva** y reforzar la conexión.

Ejercicios de Autodefensa Psicológica

EJERCICIOS PRÁCTICOS Y AUTOEVALUACIÓN

Estos ejercicios están diseñados para ayudarte a **detectar y protegerte** de tácticas manipulativas en tu vida diaria, fortaleciendo tu **resistencia psicológica**.

Ejercicio 4: Identificación de Manipuladores

• **Objetivo**: Aprender a detectar señales de manipulación emocional.

• **Instrucciones**: Durante las próximas dos semanas, presta atención a las **interacciones sociales** en tu entorno. Toma notas sobre comportamientos que podrían ser indicadores de manipulación, como el uso excesivo de la culpa, cambios repentinos de actitud o halagos desmedidos seguidos de demandas.

Ejercicio 5: Practicar el Desvío de Conversación

• **Objetivo**: Desarrollar la habilidad de **desviar conversaciones** que intentan manipularte.

• **Instrucciones**: La próxima vez que alguien intente presionarte para tomar una decisión, utiliza frases como "Entiendo tu punto, pero necesito tiempo para pensarlo" o "¿Podemos hablar de esto más tarde?". Observa cómo esta técnica te da espacio para **analizar la situación** y responder sin presión.

Ejercicio 6: El Diario Emocional

• **Objetivo**: Incrementar tu **autoconciencia** y detectar patrones de comportamiento.

• **Instrucciones**: Al final de cada día, anota **situaciones que te hayan causado incomodidad** o estrés. Reflexiona sobre las emociones que experimentaste y si hubo algún intento de manipulación por parte de los demás. Esta práctica te ayudará a identificar tus **puntos débiles** y a desarrollar estrategias para fortalecer tu resistencia.

Plan de 30 Días para la Persuasión y Autodefensa

A continuación, te presentamos un **plan de 30 días** para poner en práctica lo que has aprendido. Este plan está diseñado para que desarrolles tus habilidades de manera gradual, enfocándote en un aspecto diferente cada semana.

Semana 1: Autoconciencia y Observación

• Día 1-3: Lleva un **diario emocional** y reflexiona sobre tus interacciones diarias.

• Día 4-7: Practica la **escucha activa** en todas tus conversaciones. Enfócate en identificar emociones y señales no verbales.

Semana 2: Persuasión Ética

• Día 8-10: Practica el **rapport** con amigos y colegas. Observa cómo cambia la dinámica al imitar su lenguaje corporal.

• Día 11-14: Utiliza el **reencuadre positivo** para cambiar la percepción de situaciones difíciles en el trabajo o en tu vida personal.

Semana 3: Autodefensa Psicológica

• Día 15-17: Identifica intentos de **manipulación emocional** en tu entorno. Toma notas en tu diario.

• Día 18-21: Practica el **desvío de conversación** cuando te sientas presionado para tomar decisiones rápidas.

Semana 4: Dominio de Técnicas Avanzadas

- Día 22-24: Utiliza la técnica del **anclaje emocional** en tus relaciones para fortalecer los lazos positivos.

- Día 25-27: Practica la **visualización positiva** antes de reuniones importantes para aumentar tu confianza.

- Día 28-30: Realiza una **evaluación final** de tus progresos en el diario. Reflexiona sobre qué técnicas te resultaron más efectivas y en qué áreas necesitas mejorar.

Autoevaluación Final

Al final de los 30 días, realiza una **autoevaluación** para medir tu progreso y determinar qué técnicas has dominado y cuáles requieren más práctica.

1 Escala de Autoconfianza: Evalúa tu nivel de confianza en situaciones de alta presión (de 1 a 10). ¿Te sientes más seguro al utilizar técnicas de persuasión y autodefensa?

2 Identificación de Manipulación: ¿Eres ahora más capaz de **detectar señales de manipulación** en tus interacciones diarias? ¿Cómo ha cambiado tu forma de responder?

3 Influencia y Persuasión: ¿Has notado mejoras en tu capacidad para influir en los demás de forma ética? ¿Cuántas veces has utilizado con éxito técnicas como el reencuadre, el anclaje emocional o el rapport?

4 Resistencia Psicológica: Evalúa tu habilidad para **mantener la calma y resistir la presión** en situaciones difíciles. ¿Te sientes más capaz de protegerte de la manipulación?

Este capítulo ha sido diseñado para que pongas en práctica todo lo que has aprendido en este libro. El **autoconocimiento, la práctica**

constante y la autoevaluación son esenciales para dominar el arte de la influencia y la autodefensa psicológica.

Ahora que has adquirido estas herramientas, estás mejor preparado para navegar el **complejo terreno de la manipulación y la persuasión**, utilizando tu conocimiento de manera ética y consciente. Ya sea que busques mejorar tus relaciones personales, avanzar en tu carrera profesional o simplemente protegerte de aquellos que buscan aprovecharse de ti, este conocimiento te permitirá **tomar el control absoluto de tus interacciones**.

En el próximo y último capítulo, concluiremos con un **resumen de los conceptos clave** y te proporcionaremos recursos adicionales para continuar tu viaje de autoaprendizaje y desarrollo.

CONCLUSIONES Y PRÓXIMOS PASOS

A lo largo de este libro, te hemos guiado por el fascinante y, a veces, inquietante mundo de la **psicología oscura**. Desde las **técnicas de persuasión** hasta las **estrategias de autodefensa psicológica**, has explorado herramientas que pueden cambiar tu forma de interactuar con el mundo y de protegerte de aquellos que intenten manipularte. Este capítulo final es una oportunidad para reflexionar sobre lo aprendido, destacar los conceptos clave y sugerir **próximos pasos** para continuar tu desarrollo en el arte de la influencia y la autodefensa psicológica.

Resumen de Conceptos Clave

A lo largo de este libro, hemos cubierto una amplia gama de técnicas y principios que te permiten **influir en los demás** y, al mismo tiempo, protegerte de las tácticas manipulativas. Aquí tienes un **resumen** de los temas más importantes:

1 Comprender la Manipulación Mental:

- La diferencia entre **influencia y manipulación** es la intención detrás de tus acciones. Mientras que la persuasión busca un beneficio mutuo, la manipulación implica explotar las debilidades de los demás para tu propio beneficio.

2 Técnicas de Persuasión Efectiva:

- Aprendiste a utilizar los principios de **Robert Cialdini** como la reciprocidad, la escasez y la prueba social para influir en las decisiones de los demás de manera ética.

- El **rapport** y el **reencuadre** son poderosas herramientas para generar confianza y cambiar la percepción de una situación.

3 Programación Neurolingüística (PNL):

- Utilizar **anclajes y reencuadres** para cambiar tu estado emocional y el de los demás.

- Aplicar el **rapport** para conectar profundamente con otros y mejorar tu capacidad de influencia.

4 Autodefensa Psicológica:

- Detectar **manipuladores** y establecer **límites mentales** te permite proteger tu bienestar emocional.

- Las técnicas de **desvío de conversación** y el uso del **silencio estratégico** son esenciales para resistir la presión en entornos manipulativos.

5 Influencia en el Entorno Profesional:

- En el trabajo, utilizar tácticas de influencia ética puede mejorar tu **liderazgo y eficacia**.

- Protegerte de los **manipuladores corporativos** te ayuda a mantener tu integridad y tu salud mental.

6 Detección de Mentiras y Engaños:

- Identificar señales físicas y verbales que delatan a un mentiroso, como el **contacto visual inconsistente** y los **gestos nerviosos**.

- Utilizar la **técnica del reencuentro** y **preguntas trampa** para descubrir la verdad.

7 Influencia Masiva:

- Los medios de comunicación y la política utilizan estrategias como el **miedo, la repetición** y el control narrativo para influir en la opinión pública.

- Desarrollar un pensamiento crítico y **diversificar tus fuentes de información** son fundamentales para protegerte de la manipulación masiva.

Reflexión sobre el Poder y la Responsabilidad

La **psicología oscura** es una herramienta poderosa que, como cualquier arma de doble filo, puede ser utilizada tanto para el bien como para el mal. Con este conocimiento, ahora tienes la capacidad de influir en los demás y protegerte de los manipuladores. Sin embargo, es crucial que utilices estas técnicas de manera **ética y responsable**.

Recuerda que la influencia ética se basa en el respeto por la **autonomía de los demás**. Antes de utilizar cualquiera de las técnicas que has aprendido, asegúrate de que tu **intención sea positiva** y que no estás actuando en detrimento de otros. El verdadero poder no reside en manipular a los demás para que hagan lo que tú quieres, sino en **empoderar a las personas** para que tomen decisiones informadas.

Próximos Pasos: Cómo Continuar tu Viaje

El viaje hacia el dominio de la **influencia y la autodefensa psicológica** no termina aquí. Aquí tienes algunas recomendaciones para continuar desarrollando tus habilidades y seguir avanzando en tu crecimiento personal y profesional.

1 Lectura Adicional:

◦ Para profundizar en los principios de persuasión, considera leer "Influence: The Psychology of Persuasion" de **Robert Cialdini** y "Thinking, Fast and Slow" de **Daniel Kahneman** para entender los sesgos cognitivos.

◦ Explora libros sobre **Programación Neurolingüística (PNL)**, como "La estructura de la magia" de **Richard Bandler y John Grinder**.

2 Cursos y Talleres:

◦ Participar en **talleres de desarrollo personal** que aborden la inteligencia emocional, la negociación y la PNL.

◦ Tomar cursos en línea sobre **comunicación efectiva** y **lectura de lenguaje corporal** para mejorar tus habilidades.

3 Práctica Constante:

◦ Continúa aplicando los ejercicios del **plan de 30 días** que se presentó en el capítulo anterior. La práctica constante es la clave para dominar cualquier habilidad.

◦ Utiliza las técnicas de **autodefensa psicológica** en tus interacciones diarias para protegerte de la manipulación.

4 Autoevaluación Continua:

◦ Lleva un **diario** donde registres tus experiencias y reflexiones sobre cómo aplicas estas técnicas en tu vida diaria. Reflexionar sobre tus interacciones te ayudará a **mejorar continuamente**.

5 Buscar Mentores y Comunidad:

◦ Rodearte de personas que también estén interesadas en **mejorar sus habilidades** de influencia y persuasión puede acelerar tu crecimiento. Busca **grupos de debate, comunidades en línea y redes profesionales** para compartir experiencias y aprender de otros.

Mensaje Final

Has recorrido un largo camino desde que comenzaste a leer este libro. Has aprendido cómo **desentrañar los misterios de la mente humana**, influir en las decisiones de los demás y protegerte de quienes intentan aprovecharse de ti. Este conocimiento te otorga un poder significativo, pero también te brinda la **responsabilidad** de utilizarlo de manera ética.

En un mundo donde la **manipulación y el control** están presentes en cada rincón, desde las relaciones personales hasta la política y los medios de comunicación, saber cómo influir y protegerte te dará una ventaja única. Sin embargo, nunca olvides que la verdadera **maestría en la psicología oscura** no se trata solo de manipular, sino de **inspirar, guiar**

y empoderar a los demás para que tomen decisiones informadas y conscientes.

Ahora que tienes este conocimiento, la elección de cómo utilizarlo está en tus manos. Usa tus habilidades para crear **relaciones más auténticas**, tomar decisiones estratégicas y protegerte de las influencias negativas. El control absoluto en tus interacciones comienza cuando tomas el control de ti mismo.

Este no es el final de tu viaje, sino solo el comienzo. La **psicología oscura y la influencia** son un camino continuo de descubrimiento y aprendizaje. Sigue explorando, sigue practicando, y sobre todo, **sigue creciendo**.

Gracias por acompañarnos en este viaje. ¡Ahora es tu turno de poner en práctica lo aprendido y dominar el arte de la influencia!